曾國藩

汪衍振 著

長江出版傳媒

崇文書局

图书在版编目（CIP）数据

曾国藩 / 汪衍振著 . -- 武汉 ：崇文书局，2023.6
ISBN 978-7-5403-6693-3

Ⅰ．①曾… Ⅱ．①汪… Ⅲ．①曾国藩（1811-1872）
—传记 Ⅳ．① K827=52

中国版本图书馆 CIP 数据核字（2022）第 057533 号

责任编辑：曹　程
封面设计：杨　艳
责任校对：董　颖
责任印制：李佳超

曾国藩
Zeng Guofan

出版发行：长江出版传媒 ｜崇 文 书 局
地　　址：武汉市雄楚大街 268 号 C 座 11 层
电　　话：(027)87677133　　邮政编码：430070
印　　刷：武汉市卓源印务有限公司
开　　本：710mm×1000mm　　1/16
印　　张：13
字　　数：158 千
版　　次：2023 年 6 月第 1 版
印　　次：2023 年 6 月第 1 次印刷
定　　价：42.00 元
（如发现印装质量问题，影响阅读，由本社负责调换）

目 录

引　言

为天地立心，为生民立命；为往圣继绝学，为万世开太平。

——［北宋］张载

众所周知，从清世祖福临入关——也就是顺治元年（1644年），直到康熙十九年（1680年），共三十六年的时间里，大清国因为种族歧视，加之新旧更替、水土不服等各种原因，起义不断，人祸接连发生。大清国的朝廷为了国家的统一和完整，不得不南征北讨、东拼西杀，全国百姓一直生活在战火纷飞、东躲西藏、饥寒交迫的日子里，整个国家也因此人口锐减，国力下降。但到了康熙二十年（1681年），随着三藩之乱被平定，起义烽火被扑灭，国家渐渐趋于安定，竟然迎来了"康乾盛世"，也称"康雍乾盛世"。

为什么"康乾盛世"也称为"康雍乾盛世"呢？因为这个盛世始于康熙二十年（1681年），止于嘉庆元年（1796年），整整跨越了大清国康熙、雍正、乾隆三个朝代，时间竟达一百一十五年之久。在这一百余年里，全国刀枪入库、马放南山，从上到下歌舞升平，从官到民一片祥和，百姓生活安定富足，各民族和睦相处、团结融洽。康熙二十四年（1685年），全国总人口突破一亿五千万，到乾隆五十五年（1790年），全国总人口突破了三亿。在人口迅猛增长的同时，清朝的领土也开始扩张，北起外兴安岭以南，东北至北海（今贝加尔湖），东含库页岛，西至巴尔喀什湖以东，继承了1758年准噶尔汗国的边界，领土总面积竟然超过了大明王朝。

康乾盛世之后，中国的国内生产总值恢复到世界的三分之一。美国学者保罗·肯尼迪在《大国的兴衰》一书中指出，当时中国的工业产量占世界的百分之三十二。亚当·斯密说，即使是工业革命之后，"中国和印度的制造技艺虽落后，但似乎并不比欧洲任何国家落后多少"。毫不夸张地说，在国力和生产力方面，这个时期的大清国都处于世界的前茅。

但随着嘉庆朝的到来，国运迅速衰落，好像魔鬼附体一般，大清国又重新回到康熙二十年（1681年）以前的情景。从嘉庆元年（1796年）到咸丰十一年（1861年），时间跨度整整六十五年，经历了嘉庆、道光和咸丰三朝，大清国无日不处在战火纷飞之中。

但从咸丰之后的同治朝开始，直到光绪八年（1882年），在这二十年的时间里，大清国却出现了极其少见的兴旺发达时期，史学家把这段时期称作"同治中兴"时期。

在历史的长河中，这个时期虽然很短，短得像夜空里的流星一样，一闪即逝，但它却给后人留下了很深的印象，以及许多难以解开的谜团。

一个王朝在走向没落的时候出现中兴，这种情况在历史上很少出现，却实实在在地出现在了清王朝。它不仅让江河日下的大清帝国又苟延残喘了将近五十年，还推动了整个中华民族与世界各国文化交流的历史进程。甚至可以这么说，如果没有同治中兴，中国与世界各国接轨的时间要延缓好多年。同治中兴局面的到来，对中华民族的振兴，起到了至关重要的作用。

也许很多人都会有相同的疑问："继康雍乾盛世之后，大清国为什么又会出现同治中兴局面呢？"

在晚清时期，曾经出现了三位给后人留下深刻印象的人物——曾国藩、李鸿章、左宗棠，史称"同治中兴三大名臣"。正是因为这三个人携手齐力，才力挽狂澜，让"病入膏肓"的大清朝又多支撑了几十年。三人中的曾国藩，不仅是同治中兴第一人，还是睁眼看世界的第一人。就连毛泽东都说过一句"愚于近人，独服曾文正"。由此可见，曾国藩是何等地不凡，何等地与众不同！

可以说，晚清的中兴局面正是在曾国藩的带动和影响下才诞生的。如果没有曾国藩，不仅不会有纵横捭阖的李鸿章，而且连左宗棠这种奇才、怪才，也会终老山林，一世不名。

那么，曾国藩到底有什么过人之处，竟然能让一个濒临灭亡的王朝起死回生呢？

曾国藩，汉族，乳名宽一，原名子城，字伯涵，号涤生，嘉庆十六年（1811年）农历十月十一日亥时出生于湖南湘乡荷叶塘都。湘军的创立者和统帅，清朝战略家、政治家，晚清散文"湘乡派"创立人。官至两江总督、直隶总督、武英殿大学士，封一等毅勇侯，谥号①文正。

本书就来为大家详细讲述这位"同治中兴第一人"。

---

① 谥号：古代帝王、贵族、大臣等死后，朝廷依其生前事迹所赐予的称号。

第一章

读书改变命运的曾氏家族

因为知道自己读书不易，曾国藩特别珍惜自己读书的机会。具体的体现就是他非常注重加强自身的修养，努力把自己打造成一个"圣人"。曾国藩知道，身教胜于言教，只有自己成功了，才有资格去说服别人。只有曾家人都对读书产生了兴趣，读书的种子才能真正在曾家发芽、结果，长势才会越来越好。

第一节　曾玉屏——改变命运的领头人

曾国藩的祖籍为湖南衡阳。曾家在清初最早迁到湖南湘乡的祖先（通常称为"始迁祖"）叫作曾孟学。曾孟学六世孙曾应贞（族中称为元吉公）生了六个儿子，其中第二个儿子曾辅臣便是曾国藩的高祖。曾辅臣娶妻蒋氏（继妻刘氏），二十一岁得独子曾竟希，乾隆四十一年（1776年）五十五岁时故去。

嘉庆十三年（1808年），曾竟希率全家十余口迁至湘乡县南百余里外的偏僻山村荷叶塘。荷叶塘即成为曾国藩的老家。曾竟希生有两子，曾国藩祖父曾玉屏（族中称为星冈公）是他第二个儿子。

曾玉屏生有三子。长子即曾国藩之父曾麟书（族中称为竹亭公），次子早卒，三子曾骥云未曾生育。

曾麟书生有四女五子。曾国藩为老二，上有一姐，下有四弟三妹。因最小的妹妹早夭，实际兄弟姐妹八人。

曾国藩的祖先世代务农，查遍曾家家谱，在曾国藩之前，包括始迁湘乡、积聚数千产业的曾国藩太高祖曾元吉在内，均未发现有关曾家社会地位的记载。直到曾国藩为其祖父曾玉屏作的《大界墓

> **人物链接**
>
> ◎ **曾竟希（1741—1815）**
> 　曾国藩之曾祖父，一世务农。
>
> ◎ **曾玉屏（1773—？）**
> 　曾国藩之祖父，号星冈，一世务农。
>
> ◎ **曾麟书（1790—1857）**
> 　曾国藩之父，字竹亭，出身秀才，教书为业。

表》中，方得一窥以曾玉屏为代表的曾家在地方上的地位。

曾国藩的祖父曾玉屏"少时善任侠，已乃折节下士"，经常拿自己的经历教育晚辈后生，他说：

吾少耽游惰，往还湘潭市肆，与裘马少年相逐，或日高酣寝。长老有讥以浮薄，将覆其家者，余闻而立起自责，货马徒行，自是终身未明而起。

余年三十五，始讲求农事。居枕高嵋山下，垄峻如梯，田小如瓦，吾凿石决壤，开十数畛而通为一，然后耕夫易于从事。吾昕宵行水，听虫鸟鸣声而知节候，观露上禾颠以为乐。种蔬半畦，晨而耘，吾任之；夕而粪，庸保任之。入而饲豕，出而养鱼，彼此杂职之。凡菜茹手植而手撷者，其味弥甘；凡物亲历艰苦而得者，食之弥安也。

吾宗自元、明居衡明之庙山，久无祠宗。吾谋之宗族诸老，建立祠堂，岁以十月致祭。自国初迁居湘乡，至吾曾祖元吉公，基业始宏。吾又谋之宗族，别立祀典，岁以三月致祭。世人礼神徼福，求诸幽遐。吾以为神之陟降，莫亲于祖考，故独隆于生我一本之祀，而他祀姑阙焉。后世虽贫，礼不可隳；子孙虽愚，家祭不可简也。

吾早岁失学，壮而引为深耻。既令子孙出就名师，又好宾接文士，候望音尘。常愿通材宿儒接迹吾门，此心乃快；其次老成端士，敬礼不怠；其下泛应群伦。至于巫医、僧徒、堪舆、星命之流，吾屏斥之惟恐不远，旧姻贫乏，遇之惟恐不隆。识者观一门宾客之雅正疏数而卜家之兴败，理无爽者。

乡党戚好，吉则贺，丧则吊，有疾则问，人道之常也，吾必践焉，必躬焉，财不足以及物，吾以力助焉。邻里讼争，吾常居间以解两家之纷。其尤无状者，厉辞诘责，势若霆摧而理如的破，悍夫往往神沮。或具樽酒通殷勤，一笑散去。君子居下则排一方之难，在上则息万物之嚣，其道一耳。津梁道途废坏不治者，孤嫠衰疾无告者，量吾力之所能，随时图之，不无小补。若必待富而后谋，则天下终无可成之事。

从这些文字中可以看出，曾玉屏在地方上是一个头面人物。之所以曾玉屏能有这样的社会地位，有以下两方面原因：

第一，曾玉屏以筑宗祠、置祀产之举成了曾氏宗族组织的领袖，从精神上和经济上将虽聚居却散在的曾氏族人以共同祭祀祖先、共同管理和分享公共祀产的形式组织起来。

第二，曾玉屏是当地既有经济实力又有威望的人物。在地方上能够随时随地修桥补路、恤孤济贫，邻里讼争时也能调解两家的纠纷。

这些颇富哲理的文字，显然是曾国藩成名后替他祖父整理的。因为曾玉屏早岁失学，没有正经读过书。曾国藩为什么要把祖父的这段切身经历如此详细地付诸文字呢。因为这是曾玉屏家教的核心内容，是具有指导性意义的。曾国藩就是按照曾玉屏的指示精神，来教育子孙后代的。

曾玉屏最看重的是"子孙出就名师，又好宾接文士，候望音尘。常愿通材宿儒接迹吾门，此心乃快"。说白了，就是希望子孙读书成才，光耀门楣。

为什么曾玉屏这么希望子孙读书成才呢？这也是有缘由的。

曾家累世务农，到曾玉屏时已经小有积蓄，不仅拥有几亩薄田，还请了两个长工。在曾麟书三岁的时候，曾家因宅基地和湘乡的一位大乡绅闹了场官司。由于曾玉屏没有如数递上润笔费，代写诉状的老秀才便捉弄了他一把，硬是将有理的事写成了无理的。曾玉屏不识字，到了县衙才知道被人耍了，诉状不占理，曾玉屏自然败诉。大乡绅当着曾玉屏的面儿奚落他："在湘乡还有敢跟本老爷斗的人？我的两个儿子可都是秀才哟，哪个不知道？秀才，那可是一两银子一两银子垒出来的。连秀才都供不起还想打官司？我看你真是昏了头了！"一番夹枪带棒的话，把原本活蹦乱跳的曾玉屏一下子气病在床上，直到半年后才能下地。

这场失败的官司，耗去了曾家五十多两银子，再加上被霸占去的宅基地，统共算起来，恐怕得有二百两开外。二百两银子对曾家可不是个小数目。曾家元气大伤，不久便辞退了一名长工。

两年后，曾玉屏力排众议，把最后一名长工也辞退，然后求人在长沙请了一名六十岁的老秀才，专教已到入学年龄的长子曾麟书习字。不为别的，只为争口气。

曾家自此之后也有了"子曰""诗云"的琅琅读书声。

第二节　曾麟书——考了十七次才中秀才

曾玉屏有三个儿子，长子曾麟书字竹亭，二儿子生下不久便得病而亡，三儿子名叫曾骥云。

曾家"累世业农"，纵有读书之人，也向与功名无缘。曾玉屏不算富裕，却循依"以耕养读"传统，供给并鞭策长子曾麟书读书，将读书出仕、光宗耀祖的希望寄托在下一代身上。

先生进门的时候曾骥云还小，所以，读书的就只有曾麟书一个人。尽管这样，先生教得却一点也不轻松。这是什么原因呢？

因为曾麟书虽然长得眉清目秀，好像很聪明的样子，本人也是积极向学，但无奈天性"钝拙"，那八股文无论怎么写，都写不到花团锦簇的境地。不仅教他的先生生气，他父亲曾玉屏生气，他自己也生气，据说气得整日拿脑袋撞墙，可即使这样，他也没有开窍。

转眼间，曾麟书的岁数大了，虽然娶妻生子，但仍然是名童生（清朝时期，科举制度第一级考试叫童试，考上的叫秀才，没考上的，哪怕到八十岁，仍只能叫童生）。及至曾国藩兄弟几个出世乃至入学，曾麟书还不见有一丝的出息。

曾玉屏见曾麟书如此不开窍，知道指望儿子振兴家族是不可能的了，于是就把主要精力花在几个孙辈身上。这时，长门长孙曾国藩已经六岁，到了入学的年龄，但曾麟书的老师因为年龄太大而辞馆回籍，其实还是因为曾麟书太不给自己争气，实在不好意思再干下去了。于是曾玉屏又经人介绍，花高价从长沙把很有名气的陈雁门请进私塾，专门教授曾国藩。陈雁门是一位六十二岁的老秀才，是名震三湘育人有方的私塾老手，因为手底下出过两个举人门生而出了名。

此时的曾麟书虽然还没进学，但毕竟进过几次考场，已经能够教人读书写字了，于是他自己在村里办了一个私塾，取名"利见斋"，招了几名学生，自任先生。

曾麟书虽然开馆授徒，但因是童生，自觉脸上无光，白天教徒，晚上则更加勤奋地读书写字。一次次地进考场，进了十六次之多，仍不气馁。到第十七次进场的时候，连学政大人都被感动了，于是给点了湘乡县县首，总算进了县学，成了秀才。尽管此时他已是四十三岁的"高龄"，但总算给曾家老小和自己妻儿争了一口气。

即使曾麟书进了学，曾玉屏仍然不许他"染指"曾国藩的学业，怕愚笨的儿子把孙子也拐带得没出息。

陈雁门的确是名私塾高手，名师果然出高徒。曾国藩与父亲曾麟书同岁入学，但在二十三岁便入县学，旋入涟滨书院求学，又进岳麓书院深造，二十四岁中举人，二十八岁中进士。父亲曾麟书进学之后尽管也一次次地进考场，然而再未进步，到死都只是名秀才。跟父亲曾麟书比，曾国藩在科举上可谓一帆风顺。

尽管曾国藩在科举上很顺利，但从他父亲曾麟书的身上可以看出，在世代务农的湘乡老曾家，读书的种子并未真正发芽。曾家仅仅供两个读书人，就已经到了举债的地步。由此可见，一个农家子弟要想在科举这条路上出人头地，家族里必须有一个见识超凡的领头人。曾家的这个领头人，就是没有读过几天书但很有见识的曾玉屏。

因为知道自己读书不易，曾国藩特别珍惜自己读书的机会。具体的体现就是他非常注重加强自身的修养，努力把自己打造成一个"圣人"。曾国藩知道，身教胜于言教，只有自己成功了，才有资格去说服别人。只有曾家人都对读书产生了兴趣，读书的种子才能真正在曾家发芽、结果，长势才会越来越好。曾国藩不止一次说过：一家之中可以没举人、没进士，但不能没秀才，因为只有秀才才真正是读书的种子。

有很多研究者认为，曾国藩说这话是为了宽慰他的父亲曾麟书，意思是：别看您老考了一辈子没考上举人，但您老的这种精神是值得提倡的；您老偌大年纪还在发奋读书求上进，后辈子侄有什么理由不好好读书呢？

咸丰六年（1856年），曾国藩在江西督军，利用闲暇曾经给儿子曾纪泽写过一封信。在信中，他这样对儿子说道："凡人多望子孙为大官。余不愿为大官，但愿为读书明理之君子。勤俭自持，习劳习苦，可以处乐，可以处约，此君子也。余服官二十年，不敢稍染官宦气习，饮食起居，尚守寒素家风。极俭也可，略丰也可，太丰则吾不敢也。凡仕宦之家，由俭入奢易，由奢返俭难。尔年尚幼，切不可贪爱奢华，不可惯习懒惰。无论大家小家，士农工商，勤苦俭约未有不兴，骄奢倦怠未有不败。"

从这封家书里可以看出，曾国藩认为读书是为了明事理，这比做大官更重要。所以他认为，一个家族可以没有人出来当官，但不能没有秀才，换句话说，也就是不能没有读书人。

第三节　兄弟姐妹——情似海深，各有所成

曾麟书育有四女五子。曾国藩为老二，上有一姐，下有三妹四

弟。因最小的妹妹早夭，实际兄弟姐妹八人。

◎ 曾国荃（1824—1890）

曾国藩的九弟，湘军主要将领之一，因善于挖壕围城有"曾铁桶"之称。咸丰二年（1852年）取优贡生。咸丰六年（1856年）因攻打太平军有功赏"伟勇巴图鲁"名号和一品顶戴。同治三年（1864年）以破城功加太子少保，封一等伯爵。同治年间，与郭嵩焘等修纂《湖南通志》，历任陕西、山西巡抚，署两广总督。光绪十年（1884年）署礼部尚书，两江总督兼通商事务大臣。光绪十五年（1889年）加太子太保衔。翌年，卒于位，谥号忠襄。

曾国藩在兄弟五人中居长；二弟曾国潢，字澄侯，在族中大排行居四，称老四；三弟曾国华，字温甫，过继给曾麟书的三弟曾骥云，在族中大排行居六，称老六；四弟曾国荃，字沅甫，在族中大排行居九，称老九；五弟曾国葆，字季洪，后改名曾贞干，字事恒，称季弟。

对几个弟弟，曾国藩恪尽兄长之责，将进修德业视为教弟的根本，认为这是在尽孝道。能够教导诸弟的德业进一分，自己的"孝"就有了一分；能够教导诸弟的德业进十分，自己的"孝"就有了十分；若全不能教弟成名，自己则为大不孝了。

道光二十六年（1846年），曾国藩先用自己微薄的俸禄，为三弟国华纳资入国子监生①；道光二十七年（1847年），四弟国荃以府试案首入湘乡县学，第二年补廪膳生；道光三十年（1850年），五弟国葆以县试案首入湘乡县学，年二十有三，与曾国藩入县学

---

① 监生：明、清在国子监肄业的，统称监生。初由学政考取，或由皇帝特许。监生有举监、贡监、生监、恩监、荫监、优监等名目。如未入府、州、县学而欲应乡试，或未得科名而欲入仕的，都必须先捐监生，作为出身，但不一定在监读书。

的年龄相同。至此，除老二曾国潢外，曾国藩的三个弟弟全部进了学。

前文说过，湘乡曾家世代务农，到曾国藩的父亲曾麟书一代，曾家才算和书本结了缘，但还算不上诗书之家。而到了曾国藩这一代，兄弟五人中竟然有四个成了读书人，成了文化人。在左邻右舍看来，曾家不仅成了耕读之家，而且已经变成书香门第了。

几个弟弟在曾国藩的教育和影响下，都成长为符合儒家标准的人。曾国荃成为统帅湘军的封疆大吏，未出仕的曾国潢在家乡操持家务、族务、地方事务，成为有影响力的地方精英，而曾国华、曾国葆先后在参与镇压太平天国的战争中阵亡。

咸丰六年（1856年），太平天国西征军在江西连破八府五十余州县，曾国藩坐困南昌，数月音讯全无。曾国华赴武昌湖北巡抚胡林翼处求援，胡林翼发兵五千交曾国华统帅驰援。没想到从未带过兵的曾国华连克数县，在为解救曾国藩的战役中发挥了重要作用，擢同知，赏戴花翎，成为湘军将领。时值父亲曾麟书去世，曾国藩、曾国华兄弟丁忧①回籍。

然曾国华已过继给叔父，只需守制一年，遂于翌年由已订儿女亲家的李续宾奏调复出，襄理李续宾部军务。咸丰八年十月初十（1858年11月15日），太平军三河大捷，李续宾部全军覆没。李续宾、曾国华等四百余名文武官员命丧沙场。曾国华骸骨数月无寻，曾国藩忧急哀恸已极，泣血作《母弟温甫哀词》，写道：

---

① 丁忧：旧时称遭父母之丧为"丁忧"。清代制度，官吏丁忧，须离职守制。

觳觫我祖，山立绝伦。有蓄不施，笃生哲人。

我君为长，鲁国一儒。仲父早世，有季不孤。

恭惟先德，稼穑诗书。小子无状，席此庆余。

粲粲诸弟，雁行以随。吾诗有云，午君最奇。

挟艺千人，百不一售。彼粗秽者，乃居吾右。

抑塞不伸，发狂大叫。杂以嘲诙，万花齐笑。

世不吾与，吾不世许。自谓吾虎，世弃如鼠。

相牝相背，逝将去女。一朝奋发，仗剑东行。

提师五千，往从阿兄。何坚不破？何劲不摧？

跃入章门，无害无灾。埙篪鼓角，号令风雷。

昊天不吊，鲜民衔哀。见星西奔，三子归来。

弟后季父，降服以礼。匝岁告阕，靡念苞杞。

出陪戎幄，匪辛伊李。既克浔阳，雄师北迈。

划潜剡桐，群舒是嘬。岂谓一蹶，震惊两戒！

李既山颓，弟乃梁坏。覆我湘人，君子六千。

命耶数耶？何辜于天！我奉简书，驰驱岭峤。

江北江南，梦魂环绕。卯恻抵昏，酉悲达晓。

莽莽舒庐，群凶所窟。积骸成岳，孰辨弟骨。

骨不可收，魂不可招。峥嵘废垒，雪渍风飘。

生也何雄，死也何苦！我实负弟，茹恨终古。

后来，曾国华的遗骸终于找到了，却是一具无头尸。季弟曾国葆因之再次投军，"以报兄仇而雪前耻"。不料身染重疫，同治元年十一月十八日（1863 年 1 月 7 日）病死金陵军中。曾国藩为其写书联云：

英名百战总成空，泪眼看河山，怜予季保此人民，拓此疆土。

慧业多生磨不尽，痴心说因果，愿来世再为哲弟，亦为纯臣。

又作《季弟事恒墓志铭》：

同治元年十一月十八日丙寅，我季弟殁于金陵军中。逾月，丧过安庆，国藩设次哭奠如礼，遣之反葬。弟名国葆，字季洪，后更名贞干，字事恒。少则落落，自将脱去町畦，视人世毁誉，及书史褒讥微恶，不甚厝意；不随众为疑信，时或诘难参伍，大破群惑。尝应县试及学政试，再冠其曹。已而厌薄举业，不肯竟学。

咸丰三年，国藩奉诏讨贼，召募水陆诸军。季弟挈六百人以从，提督杨载福、侍郎彭玉麟，始皆客季弟所为僚佐。季亟荐此二人为英毅非常器，已愿下之。四年三月，岳州兵败。季又亟白：诸将无罪，已愿独坐之。其后，杨、彭二人果以水师雄视东南，而诸将亦次第登用，掇取高官大名。独季弟黯然归去，筑室紫田山中，柴门绝人事，身与世若两不相收。

八年十月，母弟国华战殁三河，季弟大恸，誓出杀贼，以报兄仇而雪前耻。鄂帅胡文忠公方广求将材，命季分领千人，自黄州建旆而东。十年正月，连克太湖、潜山。三月，始与叔弟国荃，会师以围安庆。十一年八月，克之。明年，为今皇帝元年。弟以正月师次三山。三山者，宣池。群贼萃之区，军入援绝。寇十倍我，乃以计招降三县义民之陷贼者，噢咻而厉使之。得四千人，编伍约法，用破鲁港，克繁昌，下南陵、芜湖。而国荃亦以是时克东西梁山，徇和州、当途，夺采石。兄弟复会师，进薄金陵之雨花台。江东久虐于兵，沴疫繁兴，将士物故相属。弟病，亦屡濒于危，定议假归养疾。适以援贼大至，强起战守四十六日，贼退而疾甚，不可复治矣。

季弟初以功叙儒学训导，加国子监学正衔。克复安庆，晋秩同知，赏戴花翎。厥后连克繁昌三县，天子虽以国藩前有辞赏之奏，犹特赐"迅勇"巴图鲁名号。至大破援贼，晋阶知府。命下而弟不及见矣！事闻，遂追赠按察使，照军营病故例议恤。诏书谓朝廷早欲擢用，特以国藩恳辞，留以有待。呜呼！圣主之于臣家，恩宠不訾。独惜国家欲大用吾弟，与吾弟欲得当以报国，两相须于微莫之中，而卒不克少待以竟厥志。呜呼！兹所谓命焉者非耶！

季弟生于道光八年九月二十日，春秋三十有五。曾祖讳竟希，妣彭氏。祖讳玉屏，妣王氏。父讳麟书，妣江氏。三代皆封光禄大夫，妣皆一品夫人。配邓氏，先弟十月卒。兄弟五人，自仲氏国潢外，四人者皆从事戎行。季无子，以国潢子纪渠嗣。同治二年某月某日甲子，葬于某里某山之阳。辄叙次事状，系以铭语，以写吾哀。铭曰：

智足以定危乱，而名誉不并于时贤；忠足以结主知，而褒宠不逮于生前；仁足以周部曲，而妻孥不获食其德；识足以祛群疑，而文采不能伸其说。呜呼予季！缺憾孔多。天乎人乎？归咎谁何？矢坚贞而无怨，倘弥久而不磨。

曾国藩同样将手足之情给予了一个姐姐和三个妹妹。

除小妹染痘早殇外，曾国藩大姐和二妹都嫁进了普通人家，家庭不和，经济拮据，无一美满。曾国藩除了开导姐妹，帮助调解家庭纠纷外，总不忘接济她们的生活，哪怕自己经常还在举债之中。

他在给弟弟的信中说："兰姊、蕙妹家运皆舛，兄好为识微之妄谈，谓姊犹可支撑，蕙妹再过数年，则不能自存活矣。同胞之爱，纵彼无缺望，吾能不视如一家一身乎？"

三妹国芝，是他乞假家居时亲自为之择定的婿门，为本邑朱家。国芝夫家较富有，生活无忧，但国芝婚后病弱不堪，三十岁时难产而死。

曾国藩叹道："吾姐妹四人，季者早殇，二长者并穷约不得怡。独朱氏妹所处稍裕，而少遭痼疾，又离婗厄以死，何命之不淑也。"

第四节　欧阳夫人——家有贤妻，后顾无忧

在曾国藩的家乡，至今仍流传着一个说法——曾国藩之所以能飞黄腾达，是因为他娶了个好老婆。

曾国藩结发之妻欧阳夫人，比曾国藩小五岁，其父欧阳凝祉为

曾国藩授业恩师，与曾家早有交往。

欧阳夫人年幼时在家受父训，读过《幼学》《论语》等书。道光十年（1830年）前后，曾国藩在欧阳凝祉门下读书，欧阳夫人伴读。她常听闻父亲对曾国藩的称誉，很早就对曾国藩萌发了敬仰之情。

道光十三年（1833年），欧阳凝祉将其许配给曾国藩，正合其夙愿。欧阳夫人一共为曾国藩生有三子五女：长子桢第（又名纪第）惜于道光十九年（1839年）染痘症早殇，次子纪泽由次子递升为长子，三子纪鸿；女儿为纪静、纪耀、纪琛、纪纯、纪芬。

欧阳夫人出阁后，作为曾家长媳，家务全要靠她料理，便没有闺中那么多的闲暇了。虽不能专心读书，却也常忙里偷闲看书识字，能作一般诗文。无论是家居乡间，还是随夫辗转南北，她都坚持勤俭治家，严格管理家务，亲自纺纱、绩线、做鞋。

道光十九年（1839年）十一月，曾国藩进京散馆后写信回家"欲接家眷"。翌年冬，欧阳夫人携两岁的曾纪泽，随曾国藩父亲曾麟书及四弟曾国荃入京，途中受尽艰苦。后来她对儿女言及此行："道光二十年随竹亭公入都，正值隆冬，严寒昼短，携幼婢一人坐骡车。往往深暮到店，未黎明即起，呵气着被边头，遂成冰冻。小儿啼号不绝，有时母子均哭，其苦况犹在心目。"

欧阳夫人入京后，初居棉花胡同，翌年迁居贾家胡同。其时，曾国藩以翰林院侍讲升用，旋补授翰林院侍讲，升授内阁学士兼礼部侍郎衔等，每天既要奉职朝端，又要教督四弟，还要接待客人，其家务事全由欧阳夫人担任。

咸丰二年（1852年）六月，曾国藩奉命充任江西乡试正考官，获准事毕将顺路回家探亲。但七月行至安徽太湖境内时，忽接母丧讣闻，便由九江登舟西上，回籍奔丧。其时，太平军已进湖南，曾国藩怕太平军"扰乱"，不敢接家眷回家。欧阳夫人在京闻讣告后，即在贾家胡同"率子女成丧"。至年终，太平军出湘，欧阳夫人才率子女回籍。据曾纪芬回忆，欧阳夫人一行自京坐马车至湖北襄阳登舟，"沿途风鹤多警，幼弱牵随，太夫人劳瘁甚至。惠敏公在舟次几失足溺于水，幸母舅见而拯之出险"。

自咸丰二年（1852 年）始，欧阳夫人带领诸子女在乡下老家生活十余年，直到同治二年（1863 年），才随居曾国藩官邸。

咸丰四年（1854 年）初，曾国藩率湘军出师东征太平军后，黄金堂家务由欧阳夫人主持，她带领弟媳、妹妹及女儿纺纱、织布，还要服侍公婆，处理亲友往来关系，使耕读家风、孝友家风发扬光大。

曾国藩在江西军营知道这些情况后非常高兴，于咸丰九年（1859 年）九月三十日致诸弟信中说："自七月来，吾得家中事有数件可为欣慰者，温弟妻妾皆有梦熊之兆，足慰祖父母于九泉，一也；家中妇女大小皆纺纱织布，闻已成六七机，诸子侄读书尚不懒惰，内外各有职业，二也；阖境丰收，远近无警，此间兵事平顺，足安堂上老人之心，三也。"

在欧阳夫人主持黄金堂家政期间，因曾国藩率湘军转战各地，"以廉率属，以俭持家，誓不以军中一钱寄家用"，故家中经济状况显得特别紧张。但欧阳夫人居勤居俭、操持家务任劳任怨，下厨烧灶、纺纱织布，事事躬亲，把家人生活安排得井井有条，从未问曾国藩索要过正常生活开支以外的银两。

曾纪芬晚年回忆道："先公在军时，先母居乡，手中竟无零钱可用。拮据情形，为他人所不谅，以为督抚大帅之家不应窘乏若此。其时乡间有言，修善堂杀一猪之油，止能供三日之食；黄金堂杀一鸡之油，亦须作三日之用。修善堂者，先叔澄侯公所居，因办理乡团公事客多，常饭数桌。黄金堂则先母所居之宅也。即此可知先母节俭之情形矣。"

欧阳夫人不仅成功实践了曾氏治家的理论，还在实践中对其加以完善阐发。曾国藩独特的家教理论与方法之所以能够形成，并且产生深远的影响，实与欧阳夫人的努力实践分不开。

第五节　曾国藩子女——龙生龙，凤生凤

曾国藩对子女的要求十分严格。曾国藩女儿多，"遂深以妇女之奢逸为虑"。因他认为，凡"世家之不勤不俭者，验之于内眷而毕露"。

据曾国藩的女儿曾纪芬回忆，同治三年（1864 年）九月全家赴江宁（今南京），初十入督署。当时她穿的是蓝呢夹袄及已故长嫂贺夫人遗下的缀青花边的黄绸裤。曾国藩见了斥为奢侈，于是曾纪芬赶忙拿三姐的一条绿裤换了下来。而三姐这条绿裤也是贺夫人所遗之物。嫂遗姑，姑与姑又互相袭用。

又有一次，家中来了客人，曾纪芬着羽纱袄，绽有阑干。客人离开后，曾国藩回到内室，就问欧阳夫人："满女衣何华好？"意

思是小女儿曾纪芬为什么穿这么华美的衣服。欧阳夫人立即回答："适见客耳。"并又解释说："羽纱洋货，质薄而粗，价比呢廉，比湖绉更廉矣。所绽阑干，南京所织，每尺三十文耳。平日亦着此袄，外罩布褂，见客则去罩衣。"曾国藩听她解释后才未加责。

曾国藩为女儿们制定的功课单如下：早饭后做小菜、点心、酒、酱之类食事，巳午刻纺花或绩麻衣事，中饭后做针线、刺绣之类细工，酉刻做男鞋、女鞋或缝衣粗工。

他说："吾家男子于看读写作四字缺一不可，妇女于衣食粗细四字缺一不可。吾已教训数年，总未做出一定规矩。自后每日立定功课，吾亲自验功。食事则每日验一次；衣事则三日验一次，纺者验线子，绩者验鹅蛋（即纱锭）；细工则五日验一次；粗工则每月验一次。每月须做成男鞋一双，女鞋不验。右验功课单，谕儿媳、侄妇、满女知之。甥妇到日，亦照此遵行。"

曾国藩儿女婚嫁，只限二百金，"子女婚嫁一律以二百金为限，衣只两箱，金器两件，一扁簪，一挖耳，一切皆在此二百金中"。

大女儿出嫁，他寄银二百五十两，以二百金办奁具，以五十金为程仪。并嘱"家中切不可另筹银钱，过于奢侈。遭此乱世，虽大富大贵，亦靠不住，惟勤俭二字可以持久"。二女儿出嫁，有一枚重七钱的金耳挖，值二十余缗，为人所窃。欧阳夫人忧惜之，数夜未眠，虑女儿至其夫家无耀首之饰。四女儿出嫁，于舟上发轿，欧阳夫人亲自送亲。仍恪秉曾国藩规定的嫁妆成法。曾国荃听说后诧异道："怎么会有这样的事？"打开箱奁查验，果然只有二百金，这才相信。他再三嗟叹，认为实在寒酸、难以敷用，私下里又送了四百金。

曾国藩对两个儿子更是爱之深、责之切。在赴天津办教案之前，他预留了一篇遗嘱，其中有这样的话：

余生平略涉儒先之书，见圣贤教人修身，千言万语，而要以不忮不求为重。忮者，嫉贤害能，妒功争宠，所谓"忌者不能修，忌者畏人修"之类也。求者，贪利贪名，怀土怀惠，所谓"未得患得，既得患失"之类也。忮不常见，每发露于名业相侔、势位相埒之人；求不常见，每发露于货财相接、仕进相妨之际。将欲造福，先去忮心，所谓人能充无欲害人之心，而仁不可胜用也；将欲立品，先去求心，所谓人能充无穿窬之心，而义不可胜用也。忮不去，满怀皆是荆棘；求不去，满腔日即卑污。余于此二者常加克治，恨尚未能扫除净尽。尔等欲心地干净，宜于此二者痛下工夫，并愿子孙世世戒之。附作《忮求诗》二首录右。

历览有国有家之兴，皆由克勤克俭所致，其衰也则反是。余生平亦颇以勤字自励，而实不能勤。故读书无手抄之册，居官无可存之牍。生平亦好以俭字教人，而自问实不能俭，今署中内外服役之人，厨房日用之数，亦云奢矣。其故由于前在军营，规模宏阔，相沿未改；近因多病，医药之资，漫无限制。由俭入奢，易于下水；由奢反俭，难于登天。在两江交卸时，尚存养廉二万金，在余初意不料有此，然似此放手用去，转瞬即已立尽。尔辈以后居家，须学陆梭山之法，每月用银若干两，限一成数，另封秤出，本月用毕，只准赢余，不准亏欠。

衙门奢侈之习，不能不彻底痛改。余初带兵之时，立志不取军营之钱以自肥其私，今其差幸不负始愿。然亦不愿子孙过于贫困，低颜求人，惟在尔辈力崇俭德，善持其后而已。

孝友为家庭之祥瑞，凡所称因果报应，他事或不尽验，独孝友则立获吉庆。反是则立获殃祸，无不验者。吾早岁久官京师，于存养之道多疏，后来辗转兵间，多获诸弟之助，而吾毫无裨益于诸弟。余兄弟姊妹各家，均有田宅之安，大抵皆沅叔扶助之力。我身没之后，尔等事两叔如父，事叔母如母，视堂兄弟如手足。凡事皆从省啬，独待诸叔之家，则处处从厚，待堂兄弟以德业相劝、过失相规，期于彼此有成，为第一要义。其次则亲之欲其贵，爱之欲其富。常常以吉祥善事代诸昆季默为祷祝，自当神人共钦。温甫、季洪两弟之死，余内省觉有惭德。澄侯、沅甫两弟渐老，余此生不审能否相见。尔辈若能从孝友二字切实讲求，亦足为我弥缝缺憾耳。

或许是因为曾国藩历经了人世沧桑，对儿子与对诸弟的教育理念不尽相同。在一如既往强调勤俭、孝友，教导二子进德、修业的同时，曾国藩屡屡告诫他们不要热衷于入仕做官、科举考试，要不忮不求，读有用之书，习有用之学。

曾纪泽和曾纪鸿未能脱离当时的社会大环境，仍然一次次参加科举考试，但一次次铩羽而归，最终连举人都未能考上（曾纪鸿被特赏举人）。不过，在曾国藩大办洋务的氛围中，兄弟俩在洋务之学方面都得以登堂入室、成名成家。

在那个八股取士的特殊时代，曾国藩因八股晋身，他的两个儿子偏偏没有一个是考进官场的，竟然都是靠自学而成为国家的栋梁。如果不是曾国藩有着超凡的魄力和远见，如果不是曾家教子有方，曾纪泽和曾纪鸿兄弟二人怎么会取得如此成就呢？

第六节　曾纪泽——虎口索食第一人

晚清外交界有一个奇才，他不仅对中国的传统文化有着很深的研究，而且精通西学，会讲英语。在担任大清国驻外公使期间，如果没有他成功的对俄交涉，今日中国版图就不会包含雄鸡尾部的大片国土了。

他促成了1840年鸦片战争以后，清代历史上绝无仅有的一次成功的外交！因为有他的存在，"弱国无外交"成了一句空话！

他亲手制定了大清王朝唯一的一部海军法——《北洋海军章程》。他亲自创作了中国历史上第一首国歌《普天乐》。

他自幼受严格的传统教育，精通经史，善工诗文，并精算术。出仕前即著有《佩文韵求古编》《说文重文本部考》《群经臆说》，以及诗文若干卷。及长，因受洋务运动的影响和父亲的教诲，努力学英语，研究西方科学文化。识者每以"学贯中西"誉之。

此人如此了得，他到底是谁？

他就是曾国藩的大公子、晚清著名的外交家曾纪泽。

曾纪泽，字劼刚，生于道光十九年（1839 年）。和寻常人家的孩子一样，曾纪泽六岁入私塾，攻八股，研制艺，两次下场不中。此后不再参加乡试①。

曾纪泽认为八股已非当前急务，所以不再参加乡试。曾国藩尊重了他的选择。其间，得郭嵩焘指点，接触洋务；经江南机器制造总局总办容闳介绍，跟总局里的英国人莫里逊学习英语。此后眼界大开，识见顿长，人皆称奇。

同治九年（1870 年），由二品荫生入京补户部员外郎，步入官场。

曾纪泽思想超前，赞赏洋务，致使百官不能容，累遭户部尚书李鸿藻、礼部侍郎徐桐等人弹劾，假归，仍攻西学。越二年，丁父忧，继丁母忧。其间，与当朝洋务派大臣李鸿章、左宗棠、郭嵩焘等人通信不断，并结合大清实际写出二十万言的《西欧各国概论》。《西欧各国概论》是应李鸿章之约专为总理衙门所著，供驻外人员应用。

光绪三年（1877 年），忧服除，袭侯爵，携眷属进京。光绪四年（1878 年），经李鸿章保举，派充出使英国、法国大臣。在英国期间，为大清国北洋海军办理订造船炮事宜，并深入了解各国历史、国情，研究国际公法，考察西欧各国工商业及社会情况。又将使馆馆址由租赁改为自建，亲自负责图书、器物购置，务使公使馆规模不失大国风度，亦不流于奢靡。驻外严于操远，节约公费，倡

---

① 曾纪泽直接参加乡试，是因为他是荫生，即依靠父祖的官位而取得入监资格的官僚子弟。曾纪泽虽为荫生，却诗文书画俱佳，研读科技颇深，并对古时的八股取士制度提出了不同见地。他不拘泥于中国传统，频繁接触西学，对近代西方科技知识也颇为推崇，这为他的西学思想和外交事业奠定了基础。

导廉洁之风，为外人所敬重。

光绪五年（1879 年），巴西通过本国驻英公使向大清国驻英国公使馆表达建交、通商的意愿，并想招募华工到该国垦荒。曾纪泽及时把巴西的意愿电传回国内，并建议清廷：建交、通商可以答应，招募华工则要拒绝。大清国于是与巴西正式建交并互派大使，同时拒绝了到华招募工人一事。这次顺利建交让曾纪泽在晚清外交界崭露头角。

公元 1864 年至 1871 年，中亚浩罕国军官阿古柏势力、沙皇俄国相继进犯新疆伊犁，致使伊犁大部分领土被沙俄抢占。左宗棠平定新疆之乱后，与沙俄在伊犁地区形成对峙的局面。

光绪四年（1878 年）六月，崇厚奉旨出使俄国索还伊犁。但是他在沙俄的威逼利诱之下，没有向总理衙门通报，便擅自与沙俄签订了丧权辱国的《里瓦几亚条约》，除割去霍尔果斯河以西和特克里斯河流域大片富饶的领土外，还赔款五百万卢布。消息传开，举国哗然。朝廷迫于压力，不敢批准这个条约。崇厚一回国便被逮进大牢，定斩监候。朝廷经过反复论证，决定派曾纪泽兼任出使俄国大臣，与沙俄谈判修改崇厚擅订的《里瓦几亚条约》。

俄国驻中国公使馆收到清廷不承认《里瓦几亚条约》的照会后，马上便把情况通报给了国内。沙皇读完电报后暴跳如雷，决定动用武力来迫使清廷承认《里瓦几亚条约》。

只几天光景，俄国便向大清国的北疆、东部和西部边境集结军队达数万人，又在西西伯利亚增兵一万五千人，在东西伯利亚驻兵达数万，仅黑龙江以北，就驻兵一万五千人，向伊犁增兵也在大张旗鼓地进行。

与此同时，回国述职的俄国驻华公使布策也按照俄国外交部亚洲司司长梅尼科甫的指示，大摇大摆地来到大清国驻俄公使馆，对公使馆参赞官署理公使邵友濂说："我来向阁下透露一点信息。我大俄海军上将勒索夫斯基率领的二十艘世界顶尖级大军舰，已由黑海开往日本长崎，同时，我们的缔约国英国、美国、德国，以及法国的远东舰队，也已驶及上海、天津。地面部队的情况相信您已知道，我这里就不说了。请阁下转告你们的恭亲王和太后，请他们赶快发表声明承认崇大人与我们签订的《里瓦几亚条约》，不要派什么曾纪泽来谈判。曾纪泽就算来了，我们也不会和他谈的，我们只承认和头等公使崇大人签订的条约。如果你们的恭亲王和太后不答应我们的请求，我们要拿走的就不光是伊犁了，而是你们整个大清国。我们将和我们的缔约国一起，将你们的国家瓜分掉。届时，你们就都要变成我们的奴隶。我们外交部等着你们的答复！"

通过布策的挑衅可以看出，如今伊犁问题已经急转直下，演变成了中俄关系的全面紧张。把厚颜无耻、得意忘形的布策礼送出公使馆后，邵友濂一刻也不敢延误，马上便给总理衙门和刚刚任命、尚未到任的驻俄二等公使曾纪泽分别发电通报情况。

签订条约后修改条约在国际公法中鲜有先例，而这样的难题现在落在了已到不惑之年的曾纪泽身上。他在当时的欧洲外交界已颇有名气，不少英法高级官员都知道，中国有这样一位风度翩翩，精熟英语的外交官。面对俄国的重兵压境、武力胁迫，曾纪泽展现出了一位出色的外交人员所应具备的冷静与勇敢，他在赴谈判之前分析全局，把握态势，未雨绸缪，备战促和，也彰显了他在外交方面的才能与魅力。

曾纪泽接到邵友濂的电报，瞬间惊出一头冷汗。经过反复思虑，曾纪泽很快致电总理衙门，谈了自己的看法。曾纪泽的电报这样写道：

> 纪泽承崇厚之后，欲障川流而挽即逝之波，探虎口而索已投之食，事之难成已可逆睹。凡民间交易，立一合同，写一卷据，其受益者，须待受损者先行画押允许乃可成事，况两大国立一条约，明系中国吃亏，崇厚乃不先行请旨而遽请俄君画押，未免过于冒昧。然俄君亦大国之君主也，临朝签字，批准条约，本国臣民，远近邻友，莫不周知，一旦将已押未行之约废而不用，重新商议，辱孰甚焉，此难处之一端也。英、俄两大国相竞猜疑日滋，中俄交涉事稍不顺，俄人则曰此英所唆耸也。纪泽适以驻英使者，前赴俄都，凡有商议，举国皆疑。为有先入之言，此较他人尤难处之一端也。纪泽拟于英绅闲谈之际实探英俄消息，采听既多，或可触机策画。此中求利避损之处，自当格外谨慎。

从曾纪泽的电报中不难看出，对沙俄来说，清政府惩治崇厚、反悔合约的行为损害了俄国的颜面，违反了国际公法，这是事实，清政府须承认这一点。对曾纪泽来说，他只能积极考虑谈判补救方案，既要消除中俄间的紧张关系，又要力争修改《里瓦几亚条约》，任务十分艰巨。

俄之占据伊犁，当时盖有轻藐吾华之心。不料西北平回之师遂能如此得手，是以慨然有交还之语。及至我师大功告成，索践前诺，则藉此以为要挟地步，卒之还我者不过一隅，而严险襟带之区，仍据为己有；于通商章程，占我无穷利益，又多留蟠隙，以作后图，其计亦巧矣。俄罗斯为西洋著名杂霸之国，与战国嬴秦无异。狡狯多端，上下一致，当时即使他人处此，亦未必遽能胜任。但无崇厚无定之约，则使者于商务、界务、偿款三事，原可徐徐争论，可者许之，其不可者磨牙掉舌，安排拖宕之局，务求辩胜方休。取舍之权，未尝不操之在我。今乃欲悉举前约而更张之，俄人必仍藉兵费以立言，曰：五百万卢布未足以尽偿兵费，故于伊犁境内割留某处，以土地准折资财也；又于通商政务推广某事，以商贩之利准折资财也。

曾纪泽此时虽尚未出发，但他已一一阐述了谈判中的疑点、难点。虽然左宗棠手握重兵，伊犁看似唾手可得，但牵一发则动全身，大清难有招架之力。曾纪泽对时局态势的透彻了解，为清政府在未上谈判桌前增加了砝码。

大约界务稍有更改，则兵费不能不加。商务系俄人所最重事，必不能全行驳改。纪泽虽尚未赴彼都，然不能毫无主见，以自伸其气而畅其说……要之，使者已至，既言旧约之不公不妥，则约章必须如何，乃为公妥之处，势必连类谈及，断无含糊中立之理。

至于俄人接待情形，诚难逆料，傥竟失和，虽百般将就，终归无益。战守之备，在廷者自有嘉谟，纪泽何敢妄议？然窃揣西陲一带，左宗棠手握重兵，取伊犁犹可得手；海疆各口，南北洋大臣，亦当能先事绸缪。彼或有所顾忌，而不敢遽逞。惟迤北万余里，处处毗连，尤以东三省为重。俄国铁路未出欧洲，转运东方殊非易事，未必能两道入寇。而纪泽则甚恐其尽赦犯法亡命之徒使扰我边境，掳掠即以充赏，则人自为战，而无转饷之劳，其锋固未易当也。

窃以为宜即满洲之士卒，参以近年各军之营制，得其人而练之，俾成劲旅，以备不虞，似不仅一时边徼之利，或且为万世根本之计。又左宗棠、金顺于西陲各处务宜专用恩德，绥怀反侧，使其心悦诚服。无论和战，总以收拾西塞汉回民心为主也。至兼驻英、法，刻下未敢遽卸仔肩者，诚以公使离境，所关极重。若俄人待客疏慢，可藉英、法公事时去时来，则虽驻彼都而不受欺侮，虽离境而不著痕迹，在纪泽不过多几番跋涉之费，苟利于国，遑恤其他。

沙俄出兵侵占伊犁，左宗棠拥兵新疆，双方枕戈待旦，战争一触即发。曾纪泽察觉边界如若不定，局势必不能稳。此时沙俄借武力索要巨额赔款，逼迫清廷打开通商口岸。是战，是守，是和？曾纪泽面对谈判关键因素，又会有怎样的应变之策呢？

隔天，曾纪泽又致电总理衙门，提出收复伊犁的三个办法。电报中这样写道：

　　伊犁一案，大端有三：曰分界，曰通商，曰偿款；筹办之法亦有三：曰战，曰守，曰和。言战者谓左宗棠、金顺、刘锦棠诸臣拥重兵于边境，席全胜之势，不难一鼓而取伊犁。臣窃以为伊犁地形岩险，攻难而守易，主逸而客劳，俄人之坚甲利兵，非西陲之回部乱民所可同日而语。大兵履险地以犯强邻，真可谓之孤注一掷，不敢谓为能操必胜之权……

　　在电报中，曾纪泽先是比较客观地指出了战之难：伊犁地形险峻，俄军强劲，一旦开战，后患无穷。东三省与俄国接壤，更是不能不防此处随之不稳。更别说欧洲强国了，他们虽然内部始终有矛盾，但谋求侵犯我国的意图是一致的，没有哪国会选择帮助我们。

　　新疆地区为大清的西北屏障，可以拒西亚诸国觊觎大清国土，乃是兵家必争之地。明知伊犁如此重要，竟然仍有部分官员因畏惧沙俄，主张放弃伊犁。曾纪泽继之又对放弃伊犁的论调给予反驳：

　　言守者，则谓伊犁边境，若多糜巨帑以获之，是鹜荒远、溃腹心也，不如弃而勿收。不知开国以来，经营西域者至矣。圣祖、世宗不惮勤天下力以征讨之，至乾隆二十二年，伊犁底定，腹地始得安枕。今若弃之，如新疆何？说者谓姑纾吾力以俟后图。不知左宗棠等军，将召之使还乎？则经界未明，缓急何以应变？抑任其逍遥境上，则难于转饷，锐气坐销。

　　公元1878年，第十次俄国、土耳其战争刚刚结束，沙皇俄国并不愿意轻易开战，相比之下他们更愿意寻求商业利益。鉴于此，曾纪泽建议朝廷在谈判中因势利诱，在商业利益和赔款方面做出适当让步，但在土地主权问题上一定要与沙俄周旋到底，寸土必争。

　　则微臣今日之辩论，仍不外分界、通商、偿款三大端。三端之中，偿款固其小焉者也，即就分界、通商言之，则通商一端，亦似较分界有稍轻。查西洋定约之例有二：一则常守不渝，一可随时修改。常守不渝者，分界是也。分界不能两全，此有所益，则彼有所损，是以定约之际，其慎其难。随时修改者，通商是也。通商之损益，不可逆睹，或开办乃见端倪，或开办乃分利弊，或两有所益，或互有损益，或偏有所损，或两有所损，是以定约之时，必商定若干年修改一次，所以保其利而去其敝也。

　　中国自与西洋立约以来，每值修约之年，该公使等必多方要狭，一似数年修改之说专为彼族留不尽之途，而于中华毫无利益者，其实彼所施于我者，我固可还而施之于彼。诚能通商务之利弊，酌量公法之平颇，则条约之不善，正赖此修改之文得以挽回于异日，夫固非彼族所得专其利也。

清朝多年来在外交方面一贯沿用以夷制夷的缓兵之计，利用列强之间的矛盾，相互牵制，实现制衡，这一策略在当时的清朝收效很大。此次赴俄谈判，曾纪泽决定效仿此法，运用缓兵之计与之周旋，以解燃眉之急。

　　俄约经崇厚议定，中国诚为显受亏损，然必欲一时全数更

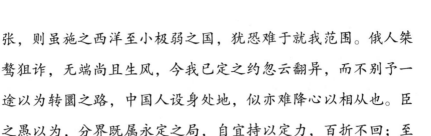

张，则虽施之西洋至小极弱之国，犹恐难于就我范围。俄人桀骜狙诈，无端尚且生风，今我已定之约忽云翻异，而不别予一途以为转圜之路，中国人设身处地，似亦难降心以相从也。臣之愚以为，分界既属永定之局，自宜持以定力，百折不回；至于通商各条，惟当即其太甚者，酌加更易，余者似宜从权应允，而采用李鸿章立法用人之说以补救之。如更有不善，则俟诸异日之修改。得失虽暂未公平，彼此宜互相迁就，庶和局终可保全，不遽决裂；然犹须从容辩论，虚与委蛇，非一朝一夕所能定议也。

曾纪泽这才提出自己认为的三种解决伊犁问题的切实可行的办法：第一，"分界既属永定之局"，必当坚持力争，国土不能让；第二，"至于通商各条，惟当即其太甚者，酌加更易，余者似宜从权应允"，也就是说，通商方面可酌情应允；第三，"如更有不善，则俟诸异日之修改"，即可暂不向俄索取伊犁，留待时机成熟后再索取。

事体如此重大，本非一人之见所能周知，请旨饬下总理衙门、王公大臣及大学士、六部、九卿原议诸臣，详细酌核。臣行抵俄都，但言中俄两国和好多年，无论有无伊犁之案，均应遣使通诚，此次奉旨前来，以为真心和好之据。至辩论公事，传达语言，本系公使职分，容俟接奉本国文牍，再行秉公商议云云。

最后，曾纪泽通报了自己赴俄的具体日期和随行人员等。

曾纪泽虽在外交方面经验颇丰，但这次改约难度可谓前所未遇。即便自己做好万全准备，此行谈判也是凶多吉少。因此他在出发之际，分别给曾国荃、左宗棠修书一封，交代筹备后事细节。不惑之年的曾纪泽为何会交代后事呢？在信中他又有怎样的肺腑之言呢？

在写给曾国荃的信中，曾纪泽主要是安排了自己一旦殉国后的有关后事。而写给左宗棠的信，则表达了一个意愿，即希望身在前线的左世叔能及时地把俄国在伊犁的布兵情况通报过来，供自己谈判时掌握。

除此之外，曾纪泽还给李鸿章修书一封，就修改《里瓦几亚条约》的相关事宜进行了讨论。李鸿章久历外交，代表大清国与外国定约无数，深知国际惯例。他不赞成毁约，认为合约既已签订，不应出尔反尔。他提出寄希望于国际调停，以较小的让步换得"和局"，化干戈为玉帛。其实，曾纪泽本人又何尝不知道悔约是最让各国所不齿的呢！

考虑到欧洲列强多次联手侵犯大清国土，瓜分战争利益，曾纪泽深知出使沙俄若想顺利改约，必先稳住英、法两国。为防止英、法、俄三国联手，曾纪泽决定在动身去俄国前造访英、法两国大臣，说明局势利害关系，劝其在此事上保持中立。

曾纪泽先到法国外交部面见法国外务大臣瓦定敦，告知自己兼领俄国公使，要到俄国去改订条约的事。瓦定敦马上询问曾纪泽："如果俄国决意动用武力解决伊犁之事，贵国有必胜的信心吗？如果战端一开，会不会伤害到法国的在华利益？”

为打消瓦定敦的疑虑，曾纪泽是这样回答的：“中国是出了名的和善之国，我这次受命也是以谈判为主。如俄国非用武力相逼，敝国也已准备齐全；边疆各地与俄接壤处都布置了重兵，海上也调运了最能打仗的战船备用。只要贵国保持中立，不倾向俄方，我向您保证，法国的在华利益不会受到丝毫影响！”

一听这话，瓦定敦马上表态：“请曾公使放心，我们不会帮着俄国向贵国施加压力的。我会电告我国驻俄公使馆，让他们尽一切努力为阁下提供帮助。”

见过瓦定敦之后，曾纪泽又拜访了英国外交大臣格兰佛尔，向格兰佛尔通报自己兼任驻俄公使不日将赴俄谈判的事，希望能得到英国的帮助。考虑到曾纪泽在国际上的威望，格兰佛尔当即表态，英国保持中立，不会去与俄国联手共同与中国为敌。

曾纪泽抵达俄国后，与俄外部大臣格尔斯及驻华公使布策等多次谈判，前后历时十余月，有记录可查的正式会谈辩论有五十一次，反复争辩达数十万言。到光绪七年正月二十六日（1881 年 2 月 24 日），终于达成《中俄改订条约》（即《中俄伊犁条约》）。与《里瓦几亚条约》相比，虽然伊犁西境霍尔果斯河以西地区仍为沙俄强行割去，但乌宗岛山及伊犁南境特克斯河一带均被收回；取消了俄国人可到天津、汉口、西安等地进行贸易活动诸条款；废除俄国人在松花江行船、贸易等侵犯中国内河主权的规定。

曾纪泽在与沙俄的谈判过程中，凭借“不矜不伐、操心虑患的态度”（萧一山语），缓和了大清与沙俄的紧张局势，为大清索回了大片国土。这是第一次鸦片战争以后，清代历史上绝无仅有的成功的外交！曾纪泽也因此被人称为"虎口索食第一人"。

曾纪泽任满回国后，受命帮办海军事务，协助李鸿章创办北洋海军，并亲手制定出大清国的第一部海军法——《北洋海军章程》。

抛开这些，曾纪泽的诗、书、画也达到了很高的水准，特别是他回国后，求墨宝者可以说不绝于门。就连善工书画的"帝父"醇亲王奕譞，也经常与他互赠作品，酬唱往来。曾纪泽临死的前一年，连光绪皇帝也曾向他索画。这些，在史料中都有记载，并非后人凭空杜撰。

第七节　曾纪鸿——英年早逝的数学家

曾纪泽精通琴棋书画，熟谙国际公法，外交成就卓著。而同为曾国藩儿子的曾纪鸿，他在哪些方面脱颖而出，又有着怎样精彩的人生经历呢？

曾纪鸿是曾国藩的小儿子，字栗诚，十六岁时去长沙参加乡试。当时，朝纲不振，政治腐败，科举考试中营私舞弊的现象非常严重，盛行递条子、开后门。曾国藩此时出任两江总督，官居一品，支撑着大清的东南半壁，得知曾纪鸿要参加乡试，怕儿子误入歧途，便在七月初七日开考前，特意写信嘱咐道："场前不可与州县来往，不可送条子，进身之始，务知自重。"考完发榜之前，曾国藩又怕儿子打着自己的旗号去活动，又于七月二十四日去信告诫儿子："断不可送条子，致腾物议。"

这次乡试，曾纪鸿榜上无名，以后尽管多次应试，也仅得一个"胜录附贡生 [①]"。难得的是，曾纪鸿始终未送过条子，未打着父亲的旗号拜访过任何考官和主考官，曾国藩也没给考官、主考官打过招呼。在特权盛行的封建官场，曾氏父子能够这样做，实在难能可贵。尤其像曾国藩这样的高官，如此自觉地遵章守纪，严格按照法律办事，更是难得。

曾纪鸿为什么多次应考却总是不中呢？因为他和哥哥曾纪泽一样，对八股并不上心，对官场亦无兴趣。曾纪鸿对古算学十分痴迷，在进京前就已参与过《对数详明》《圆率考真图解》《粟布演草》等数学专著的纂辑和编著，年纪轻轻就成了大清国著名的数学家，很受数学家李善兰、徐寿等人的器重。

曾纪鸿生于西学初来的洋务运动初期，主张学习西方先进的科学文化。他认为中国历史悠久，数学已渐近失传，而近三百年来，泰西各国反能推阐古法，翻陈出新，因此他热衷于学习西方语言文字，悉心研究西代数学。在《圆率考真图解》中，他把西方数学家尤拉的方法加以改进，删繁就简，计算出圆周率值到一百位，这是一个非常了不起的成就。

在哥哥远赴重洋，出任大清国驻英法两国公使后，曾纪鸿也因在数学领域取得非凡成绩而被选拔进同文馆出任数学教习。没想到，正当他准备在自己喜欢的领域大展拳脚的时候，一场暴病袭

[①] 贡生：生员（秀才）一般是隶属于本府、州、县学的，若经考生升入京师国子监读书，则不再是本府、州、县学的生员，而称为贡生。清代有恩贡、拔贡、副贡、岁贡、优贡和例贡。

来，很快夺去了他的生命，可谓英年早逝。如果不是这样，相信曾纪鸿在数学领域会取得更大的成就。

　　现存史料中，关于曾纪鸿的记载少得可怜。尽管这样，鉴于他年纪轻轻却取得非凡的成绩，《清史稿》还为他立了传。

第二章

十年七迁的京官生涯

予自三十岁以来，即以做官发财为可耻，以宦囊积

金遗子孙为可羞可恨，故私心立誓，总不靠做官发财以

遗后人。神明鉴临，予不食言……

第一节　大清国的官难做

曾国藩作为传统中国士大夫，在几十年的官场生涯中屹立不倒，从翰林院七品官员，十年内连升十级，创造了仕途升迁的奇迹，这在等级森严的封建社会官场中是绝无仅有的。那么，在他传奇的一生中，到底有哪些独特的为官之道呢？他又有哪些鲜为人知的曲折经历呢？

在讲这个话题之前，先来了解一下曾国藩的为官从政轨迹：

道光二十年（1840年），曾国藩三十岁。庶吉士①期满引见，实授从七品翰林院检讨。

道光二十三年（1843年），曾国藩三十三岁。年初贬为候补检讨。六个月后，升授从五品翰林院侍讲。

人物链接

◎ **道光皇帝**（1782—1850）

本名爱新觉罗·旻宁，嘉庆帝第二子，清朝第八位皇帝，是清军入关后的第六位皇帝。1820—1850年在位。

道光二十五年（1845年），曾国藩三十五岁。升授正五品詹事

---

① 庶吉士：通称"庶常"。明设，清沿其制。在翰林院中设庶常馆，选新进士入馆，为翰林院庶吉士，分习满、汉文书籍，称"馆选"。三年期满后举行考试，成绩优良者分别授以翰林院编修、检讨等官，其余分授各部主事等职，或以知县优先委用，称为"散馆"。光绪末停科举，庶吉士改从外国留学毕业及本国学堂毕业者中选拔，经廷试后选用。

府右春坊右庶子。同年又升授从四品翰林院侍讲学士。

道光二十六年（1846 年），曾国藩三十六岁。年初钦命协建文庙，不久被贬为翰林院检讨。三个月后，升授正四品詹事府少詹事。年底京察，破格升授正三品太常寺卿。

道光二十七年（1847 年），曾国藩三十七岁。年初授正二品内阁学士署礼部侍郎。

道光二十八年（1848 年），曾国藩三十八岁。赴大兴考核县学，旋被贬为正四品都察院六科掌院给事中。年底，依老例主持对户部银库进行核查。核查毕，升授正二品礼部右侍郎。

道光三十年（1850 年），曾国藩四十岁，咸丰即位。为整顿军队，命曾国藩署兵部侍郎。不久，又署刑部侍郎，牵头主审琦善。为整顿全国水利建设、各省建筑市场，旋署工部侍郎。

人物链接

◎ **咸丰皇帝**（1831—1861）

本名爱新觉罗·奕詝，道光帝第四子，清朝第九位皇帝，是清军入关后第七位皇帝。1850—1861 年在位。

咸丰元年（1851 年），曾国藩四十一岁。署吏部侍郎。

咸丰二年（1852 年），曾国藩四十二岁。以丁忧侍郎身份，帮同办理湖南全省团练，开始训练湘勇。

咸丰四年（1854 年），曾国藩四十四岁。练成水陆湘勇一万余人，以兵部侍郎的身份，开始了率军出省作战的戎马生涯。

咸丰十年（1860 年），曾国藩五十岁。四月，被朝廷赏加头品顶戴兵部尚书衔，署理两江总督。同年六月，补授两江总督，并加钦差大臣，督办江南所有军务。

咸丰十一年（1861年），曾国藩五十一岁。十月，以钦差大臣两江总督之位，统辖江苏、安徽、江西三省，并署理浙江全省军务。所有四省巡抚提镇以下各官，悉归节制。至此，大清国皇帝把东南半壁交给了曾国藩。

同治元年（1862年），曾国藩五十二岁。正月，升授协办大学士，拜相。

同治二年（1863年），曾国藩五十三岁。六月，因收复被洪秀全占领十二年的南京，被锡封一等侯爵，世袭罔替，并赏戴双眼花翎。

同治六年（1867年），曾国藩五十七岁。五月，补授大学士。

人物链接

◎ 同治皇帝（1856—1875）

本名爱新觉罗·载淳，咸丰帝长子，清朝第十位皇帝，是清军入关后的第八位皇帝。1861—1875 年在位。1861 年 8 月咸丰帝病死，由顾命八大臣肃顺等辅佐继位，定次年改元祺祥。同年 11 月，慈禧太后、恭亲王奕䜣发动政变，改年号为同治。

同治七年（1868年），曾国藩五十八岁。七月，以武英殿大学士之位出任直隶总督，成为汉官之首，总督之头。

同治九年（1870年），曾国藩六十岁。八月，因"天津教案"加之两江总督马新贻被人刺死，重新出任两江总督。

同治十一年（1872年），曾国藩六十二岁。薨于两江总督任所。

从曾国藩为官从政轨迹中我们可以看出，道光二十年（1840年），期满引见，实授从七品翰林院检讨，这是他进入官场的第一步。

而道光二十五年（1845年），他被贬为候补①检讨六个月后，竟突飞猛进，一下子升授正五品詹事府右春坊右庶子，同年又升授从四品翰林院侍讲学士，这应该是他进入官场后最关键的一步。

一年之后的道光二十六年（1846年）初，道光皇帝钦命他协修文庙。哪知工程刚刚竣工，别人都升官、领赏，他却遭到弹劾，竟然被"一撸到底"，贬为翰林院检讨，回到起点。三个月后，却又突然接到圣谕，所有处分全部取消不算，还被破格升授正四品詹事府少詹事。年底京察，更让人大吃一惊，升授正三品太常寺卿，成了国家办事大员。这是他进入官场之后升官最快的一步，也是他仕途生涯中起决定性作用的一步。

人 物 链 接

◎ 穆彰阿（1782—1856）

满洲镶蓝旗人，郭佳氏，字子朴，号鹤舫。两榜出身，是道光年间的重臣。历任内务府大臣、步军统领、兵部尚书、吏部尚书、文华殿大学士，权倾朝野。咸丰元年（1851年）被罢黜回籍。

一年之后的道光二十七年（1847年），道光皇帝打破祖宗立下的规避制度②，命湖南籍的曾国藩到湖南办了一趟差事，因为这趟差事，他得罪了他的会试座师穆彰阿，但却被道光一下子提拔成正二品的内阁学士兼署礼部侍郎。

道光二十八年（1848年），曾

---

① 候补：清制。没有补授实缺的官员在吏部候选后，吏部再汇列呈请分发的官员名单，根据职位、资格、班次，每月抽签一次，分发到某一部或某一省，听候委用，称为候补。但也可以出钱免予采取抽签方式，自由指定到某处候补，称为指省或指分。

② 清朝时期官场有明确的地区回避规定，不仅本省人不得在本省任职，师生、亲属在官场相遇也须回避。设立这种制度是为了防止结党营私，相互排陷。道光皇帝却命曾国藩回籍办差，这样的任命，在当时的制度下是不可思议的。通过此举，不难看出此时的道光皇帝对曾国藩已是深信不疑。

国藩奉旨考核大兴县学，因为得罪满贵官员遭到满人一致抵制，道光皇帝迫于压力，不得不把他从二品大员的高位上拉下来，贬为官位不高但却很有实权的正四品都察院六科掌院给事中，等于连降四级。

就在这年年底，他在主持核查户部银库时，查出了一个天大的窟窿。他光屁股亲自进银库的形象，不仅让百官惊骇，也让贪官污吏丧胆。核查尚未结束，他已被道光皇帝由正四品直接升授成正二品礼部右侍郎。后人把他光屁股进银库这件事称为"光屁股升官法"。至此，曾国藩在大清国朝野上下，已经完全确立了自己第一廉吏、第一能吏的位置。

两年后，咸丰皇帝即位，为整顿军队，命曾国藩以礼部侍郎的身份署理兵部侍郎。不久，为了审理琦善，也是为了纠正全国的冤假错案，又命他署理刑部侍郎。案子审完，他又署工部侍郎，整顿全国水利建设及建筑市场。

咸丰元年（1851年），为了整顿全国吏治，咸丰又命他署理吏部侍郎。

咸丰二年（1852年），曾国藩回乡丁母忧。朝廷命他以丁忧侍郎的身份，帮同办理湖南全省团练，开始训练湘勇。这等于夺情起用他。为什么这么说呢？因为清朝以孝治天下，为父母丁忧是所有官员必须遵守的规定，要断绝所有娱乐和交际，以示哀思。按照清朝的官制，丁忧官员必须交卸印务，回家守孝三年（说是三年，实际是二十七个月）。三年以后，才准许重新出来做官。但如果有特殊情况，也可以提前出来做官，这就是夺情起复。

后来，无论曾国藩的官位被提升得多高，都和他的军功密不可分。

任何时代的变局都可能造就非凡的人生轨迹。曾国藩一生"以天下为己任",适时把握时局,创造了十年连升十级的官场神话。深得两代帝王信任,官至两江总督、直隶总督,赐武英殿大学士,封一等毅勇侯,这些荣耀让他成为清朝屈指可数的汉官典范。

第二节　又穷又倔的七品翰林

在曾国藩荣耀的一生里,有一个人一直是他缔造官场升迁奇迹的核心,这个人就是道光皇帝。在清朝的皇帝里,道光既不像康熙、雍正、乾隆那样因盛世而流传千古,也不像光绪因变法而惹得争议无数。然而,他对曾国藩的提拔和任用,却不折不扣地成就了一段绝无仅有的官场神话。曾国藩到底拥有什么样的品质,使力行节俭、勤于政务的道光折服,并开启了大清中兴的序幕呢?

道光十八年(1838年),功夫不负苦心人,曾国藩终于如愿以偿考中第三十八名进士。朝考时因答对明白、条理清晰,加之衣着朴素,深得道光皇帝赏识,被破格钦点为翰林院庶吉士。以同进士身份入翰林院,清朝开国以来仅曾国藩一人。

两年后,曾国藩庶吉士期满引见,虽然刚开始他因一双三角眼而不得道光皇帝喜欢,但对答得体,实授从七品翰林院检讨。

曾国藩做检讨期间写了一首诗,其中有两句为"饱食甘眠无用处，多惭名字侣鹓鸾"。这首诗十分有文采，在京师传诵一时，后来传到了道光皇帝的耳中。道光皇帝一时兴起，决定到翰林院去会会这个曾国藩。就是道光皇帝这次不经意间的突然造访，成就了曾国藩后来不可思议的升迁之路。

翰林院是大清国的养才储望之所，负责修书撰史，有时还替内阁起草诏书、为皇室成员侍读、担任科举考官等。翰林地位清贵，被称为"天子门生"。当时的掌院学士是文庆，一个很受信任的满贵大员。

"盛世修史"，别的衙门可以破败，作为大清唯一的国史编纂机构、国运昌盛的象征，翰林院却不能不庄严。庶吉士们穿戴整齐自不必说，保养得也都非常好。

道光皇帝一落座便单刀直入："曾国藩，听说你写了一首新诗。翰林院检讨已是极重要的差事了，怎么能说'饱食甘眠无用处'啊？"

曾国藩听到这话吓了一跳，心里一边嘀咕"听这口气，皇帝找茬来了"，一边"扑通"就跪下了。

道光皇帝看着跪在地上的曾国藩，感觉他比引见的时候胖了些，只是那双三角眼，仍然让人怎么看都不舒服。再看曾国藩的装束，道光皇帝发现问题了：七品补服虽浆洗得干干净净，肘弯儿处却明晃晃地缀了一对大补丁。和周围人比起来，这样的穿着不只是寒酸，简直就是故意出丑！

常言道"聪明不过天子"，道光皇帝认为曾国藩这是为了博得"节俭"的美名而作秀，难免有些生气，就训斥道："你的官服都这么旧了，为什么不换一件？你穿成这样是在给谁看？你这样邀名的人，朕见得太多了！"道光皇帝同时告诫曾国藩："翰林院不仅要学仪天下，还要威仪天下。你身为七品翰林院检讨，就是我大清的官员。你穿成这个样子在翰林院出出进进，让天下人怎么看我大清国？"

曾国藩是这样回答道光皇帝的："皇上让微臣做翰林院检讨，无非是想让微臣在专心编史著书的同时，研究古今圣人治世治人之理，饱读圣贤之书，以备将来到地方上做一个清正廉洁、爱民如子、造福一方的好官员。如果抛弃学问操守，而光靠仪表服饰来装点翰林院的门面，那微臣就对不起皇上，也对不起国家了。何况微臣也不愿举债装扮自己而刻意讨好皇上。请皇上明察。"

"嗯？"道光皇帝纳闷了，"朕不信你的薪俸除掉日常用度，买不到一件新衣服。做人要笃实，不能取巧，否则没好果子吃！"

曾国藩时任翰林院检讨，虽然是七品官员，但每年仍有几十两官银的俸禄。道光皇帝怎么也想不到，就是这样一位朝廷官员，拿着朝廷俸禄，却年年要靠借债度日。曾国藩便给道光皇帝算了一笔账，把道光皇帝"算"得哑口无言。

"微臣现在一年的俸禄是三十三两皇银。微臣原欠会馆食宿银七十贯；用庶吉士服改裁七品官服用银三十贯；做补服裤靴用银一两三贯；余下的银子除了交给会馆，又为祖上祠堂捐香火银二两，孝敬高堂祖父母六两，孝敬父母四两。微臣把两个袖子缝上大补丁，是想写字时减少摩擦，以此延长官服的寿命，这样就可以挤出些银钱为自己和湘乡的子侄购一些得用的图书。微臣得蒙天恩在翰林院办差，万万不敢存有丝毫侥幸心理，更不敢在皇上面前取巧。请皇上明察。"

曾国藩说的都是实情。

不几天，他的顶头上司翰林院侍读学士赵楫摆酒席，理由是父亲来了，实际上无非是想借此鼓鼓腰包。那时候这种行为蔚然成风，曾国藩因为早就对这种陋习看不惯，再加上拿不出随份子的钱，就没去。

第二天，曾国藩受命誊写一份"皇考"，一连誊了三遍都没有通过，赵楫每回都是在上面批两个字：重誊。一份五千字的"皇考"，曾国藩誊了整整一天才交卷。经过此事，曾国藩知道，这一年的考评是不会有好内容了。

这件事很快就过去了，哪知道曾国藩很快又接到请帖，这次是詹事府少詹事、正四品满官金正毕为老姨母过寿诚邀京官全员赴宴的帖子。

詹事府原是为辅导皇子专设的机构，后来也改作编著国史了，是和翰林院属同一机构而分设的两个衙门。两处人来往得比较密切，而金正毕与赵楫又最为知心。

曾国藩心知，既然自己没有参加赵楫的宴席，金大人老姨母的寿宴也就不能参加。以此类推，从今以后，凡是京官各种类型的宴席自然就都不能参加。否则，厚了这个薄了那个，那就犯了官员之间相处的大忌，在京师就不得容身。

想明白了这一点，曾国藩就在门上贴了一张告示，告示云："曾国藩出身贫寒，长相不雅，箱内无银。虽任检讨一职，却是七品小官，俸禄有限，除衣食住行，已无盈余。即日始，凡京官、上宪、同僚坐席陪酒应酬之事，概不参加，请帖亦不收存。见谅。"他公开宣称，以后所有祝寿生娃、吃酒应酬之事，概不参加。这就等于宣称：以后别给我发帖子，发也白发。

曾国藩此举引起众怒，很快便有人鼓动御史上折参他，理由冠冕堂皇："办事糊涂，办差敷衍，奏请将其革职。"

很快，曾国藩便被革除实职，成了翰林院候补检讨，每日虽也照常去翰林院点卯，却没了实际差事。以往的同僚、同乡，有几个与他关系很是不错的，此时也不知是怕丢了自家头上的乌纱帽，还是怕上宪怪罪，影响自己的前程，竟然也开始躲他。苦闷、孤独中，曾国藩写了这样一首诗：

> 今日今时吾在兹，我兄我弟俩相思。
> 微官冷似支床石，去国情如失乳儿。
> 见惯浮云浑欲语，漫成诗句未须奇。
> 经求名酒一千斛，轰醉王城百不知。

尽管这样，曾国藩仍恪守自己的诺言，不收任何人祝寿生娃、吃酒应酬方面的请帖。按俗话讲，他就是"粪坑里的石头"——又臭又硬。

曾国藩的遭遇激起了部分有较高社会地位和职位的官员的不满和同情。这些人虽然不在翰林院供职，但讲起话来还是有些分量的。

当时著名的国学大师、官居正三品的太常寺卿唐鉴先生对曾国藩说："涤生做此常人不敢做之事，实国家之幸！老夫当寻机会在皇上面前为汝开释。"倭仁、吴廷栋等唐鉴的一班弟子、老友也在人前人后为曾国藩鸣不平。曾国藩心下稍慰。

难题说来就来了——皇太后万寿大典，所有在京文武百官都要参加朝贺，曾国藩这次是万万不能推辞了。

万寿大典当日，曾国藩作为候补官员，随着翰林院的大小官员，在礼部堂官的带领下，走进太和殿，向皇太后恭祝万寿。行完礼之后，马上到殿外去领食物。

此时，道光皇帝却叫住了兴高采烈的曾国藩，问他："朕听说你在会馆贴了个声明告示，说什么不再参加任何官员的宴席了。既然不参加任何人的寿宴，你今天怎么来了？"

曾国藩是这样回答的："回皇上话，今天是皇太后的万寿节，做臣子的必须参加。"

道光皇帝根本不容曾国藩的空儿："那你不就成了言行不一的小人了？不好好办事，成天挖空心思弄这些。"

曾国藩回答："微臣参加今天的万寿大典，是因为皇上和皇太后都不是官。皇上是万民之主，是我大清国的主宰，而皇太后是国太。所以皇上和皇太后的寿宴微臣是必须参加的。否则便是失礼。"

道光皇帝又问曾国藩："朕一直搞不明白，你作为我大清的官员，为什么不参加其他官员的宴席？该不是看不起我大清国的官员吧？"

曾国藩连忙向道光皇帝解释："微臣进京几年来，参加过大大小小上百次各种类型的宴席，凑的份子也不算少。但微臣慢慢发现一个问题，许多官员名为庆寿宴、贺喜宴，还有什么学子宴，实际都是敛财宴。微臣有一年甚至参加过同一个人的两次生日宴。微臣斗胆问皇上，母亲生子，有一年当中分两次生的道理吗？京城官员皆如此行径，地方上实难想象。微臣也知道这么做会招人厌恨，也未必能起什么作用，但微臣就是想通过自身的努力，扭转一下这种不良的风气。只要大家都去做，微臣相信一定会有效果。"

曾国藩说的是句句在理，道光皇帝听得是心悦诚服，因为这些话说进了道光皇帝的心里。

道光皇帝原名爱新觉罗·绵宁，后改旻宁，是大清入关后第六代皇帝，即位时已三十九岁。其父嘉庆皇帝即位时，有"和珅跌倒，嘉庆吃饱"之民谚。堂堂大清国国库中的库银竟然抵不过一个奸相的私财，那情形着实让人觉着寒酸。嘉庆皇帝靠和珅的家财维持了几年，等传位给道光皇帝时，户银已不足千万，接近不继的边缘。

道光皇帝做皇储时，就已对国政的种种弊端了然于胸。所以他一继位便把节俭作为第一要事，严禁侈靡之风。曾国藩的这种行为和观点，非常得道光皇帝赏识。

于是在道光二十三年（1843 年），道光皇帝一下子把曾国藩连升四级，升授翰林院侍讲。旨曰："翰林院候补检讨曾国藩耐劳克俭、学识出众，著升授翰林院侍讲、詹事府行走①。钦此。"

翰林院侍讲是从五品官员，由从七品到从五品，正好是四级。三十三岁的曾国藩，忽然间便跻身于中层官吏的行列。通过这件事可以看出，道光皇帝对百官这种靠摆宴敛财的歪风邪气也是深恶痛绝的，否则他不可能给曾国藩这么大的奖赏。

① 行走：清制。入值办事的意思。不改原来官职而调充其他职务，即称在某处或某官上行走。

第三节　给考生"送礼"的主考官

随着官阶的提升，好事一件跟着一件向曾国藩袭来，挡也挡不住。

道光二十三年（1843 年），道光皇帝亲自点将，钦命曾国藩充任四川省乡试正主考，副主考则由官拜翰林院侍读学士的赵楫充任。从五品官做乡试正主考，这是大清国的首例；赵楫是从四品，官阶比曾国藩高，却居于副主考的位置，这又是自清朝开国以来没有过的事。为什么说担任主考是件好事儿呢？

原来，钦命典试的官员不仅可以从户部领取不菲的程仪（即路费）——主考一般为两千两、副主考为一千两，乡试结束时，地方上还会有一份礼金赠送。乡试主考一般由两榜出身的翰林公（四品以上官员）或三品以上文职大员充任，均是文名鼎盛的文章高手，地方上在乡试结束后都要集些钱财孝敬他们，一般为两千两银子，等于又拿了一份程仪。副主考不拘品级，但也是文章出众之人出任，地方上一般要孝敬一千两银子，也和户部发放的程仪相等。无非一个公开、一个不公开罢了。这些礼金多由一省的督抚或学政转交，名为"辛苦费"，实际上则带有贿赂的意思。当时有民谣云"一任主考官，百姓吃十年"，说的就是这种灰色收入。

所以，这等又清贵又来财的差事，简直让京城里的官员们抢破了头。

圣旨下来后的隔天，户部便将两千两银子的程仪送到了曾国藩手中，翰林院全体震惊。

拿到银子后，曾国藩感慨万千。想到为了自己科举和在京中做官，全家人一直都勒紧腰带过日子，于是给家里写了封信，仅留下四百两作为自己入川办差的花费，剩下的一千六百两悉数托回乡省亲的长沙籍翰林院检讨张维元带回去，让家中报答那些原来借过钱的亲戚，再拿出一笔钱来供奉宗祠，剩下的全部留给家中使用。

写完家书后，曾国藩又写了一封《授翰林院侍讲及四川正考官呈请代奏谢恩状》，向皇上表明心志。内容如下：

> 新补翰林院侍讲充四川正考官曾国藩为呈请代奏，恭谢天恩事。八月初三日，接到知会转准礼部咨称七月十五日奉旨："曾国藩准其补授翰林院侍讲，钦此。"窃国藩楚省菲材，山乡下士。西清待漏，惭四术之多疏；东观校书，尤三长之有忝。本年三月初十日，廷试翰詹，猥以芜词，上邀藻鉴，列置优等，授翰林院侍讲。沐殊宠之逾恒，俾迁阶以不次。旋于六月二十二日，奉命充四川乡试正考官，温纶在捧，寸衷之惶悚弥深；使节初持，万里而驰驱未已。乃复荷高深之宠，俾真居侍从之班。愧屡沐夫鸿施，曾无坠露轻尘之报；惟勉勤乎蛾术，益凛临深履薄之恩。所有国藩感激下忱，理合呈请代奏，叩谢天恩。谨呈。

在主持四川乡试时，曾国藩亲自把关，亲力亲为，做了两件有利于考生的事情：第一件，他提前视察考棚，一旦发现搭建不合格的，马上命令加固或重建，防止考棚倒塌致士子伤亡的事件发生；

第二件，他给四川的士子们送了一份大礼。

曾国藩不送礼是整个大清国都知道的事情，可这次他为什么要给四川的士子送礼呢？原来，大考那一天的阳光十分毒辣，虽然已经入秋多日，但天气却异常闷热。考场里的考棚不但隔热效果差，还不透风，就像一个个大蒸笼，里边的温度甚至比烈日下的还高。

考生们一走进考棚，立即热得汗流浃背，有人不停地用袖子擦汗，有人干脆脱掉长衫擦拭身上的汗水，年纪大的考生甚至热得根本无力拿笔，一副要晕过去的样子，见了主考官后连礼都不知道施了，只眼睁睁地看着，说不出一个字来。

曾国藩见状焦急万分，心想：照这样下去，四川的学子们哪能考出好成绩？若是因天热而错过这次改变命运的机会，他们肯定会抱憾终身的。

于是，他马上派人告诉学政大人饬命首县，从速给各考棚放置凉水消暑，水越凉越好。考生们实在热得不行，准予用凉水洗脸、洗身。无论如何，也要先保住那些老考生的性命，让每一位考生都不会因天热而错过这次应试的机会。曾国藩特别交代，如需银两，自己可以先拿出五十两急用。

很快，装着冰水的大桶就运进了各个考棚。乡试给考生购置冰水，这可是从来没有过的事。考生们感激不已，只有加倍认真答题，才对得起主考官的良苦用心。

这些考生不知道的是，由于乡试给考生购置冰水并无先例，这笔银子是无法报销的，最后是曾国藩带头自行捐银支付的这笔银子。

最终，这次四川乡试进行得顺顺利利、圆圆满满，共取举人六十二名，副榜十二名。由于曾国藩处事公正，多年以后，每当提起由曾国藩主持的这次四川乡试，蜀中士子仍赞不绝口，称这是大清开国以来四川举行的最公正、圣恩最大，也是录取寒士最多的一次乡试。

回京后，曾国藩因主持乡试有功，升授詹事府右春坊右庶子，由从五品上升到正五品。

第四节　做最有学问的包工头

在曾国藩的为官思想中，清正廉洁始终是第一要义。然而身逢晚清乱世，官场腐败，身不由己。作为臣子，位高权重既可能带来无尽的荣耀，也可能会导致顷刻覆灭。是什么样的为官哲学，让他深得道光、咸丰两代皇帝赏识呢？他又经历了怎样的政治考验，才成为封疆大吏，权倾朝野呢？他在权力与金钱面前，又是如何坚持自己的为官之道的呢？

道光二十五年（1845年），曾国藩以从四品翰林院侍讲学士之位，被道光皇帝钦命协建文庙。

人物链接

◎ 文庆（？—1856）

满洲镶红旗人，费莫氏，字孔修，两榜出身，道光年间重臣。咸丰二年（1852年），以大学士之位管理内务府。

此时的曾国藩，已是翰林院中层干部，地位仅在翰林院学士文庆之下。文庆，费莫氏，字孔修，满洲镶红旗人，翰林院掌院学士兼署内阁学士，是道光二年（1822年）的进士，是个因祖上有军功而没人敢惹的人物。他久历官场，识人无数，深知曾国藩极得道光皇帝欣赏，所以也特别器重曾国藩。

工程建设本来是工部分管的事务，翻建文庙的钦定总监理是工部右侍郎匡正。匡正正当壮年，官居二品，意气风发，是工部最年轻的满侍郎。第一副总监理是翰林院掌院学士文庆，第二副总监理是曾国藩。实际上曾国藩就相当于工头。

文庙属于土木建筑，由工部侍郎主持翻建工作顺理成章；又因文庙是文人朝拜的场所，里面供奉着孔子以后的十几位大贤，第一副总监理由翰林院掌院学士担任亦无疑义；但这第二副总监理落到从四品官员曾国藩的头上，就有些让人费解了。曾国藩会做的是八股，钻研的是理学，与土木建筑是远不搭界的。尽管这第二副总监理是中层管理人士，上有第一副总监理，下有十几位办事官员，但曾国藩仍把这项差事的责任看得有天般大。他写了份折子，由文庆代奏，坚决要辞去这份差事，不敢接任。

道光皇帝钦命曾国藩担任这件差事，是穆彰阿举荐的结果，原是有照应的意思在里面。皇家的土木建筑、河工水利等工程历来都是肥缺，接到这样的肥差却力辞不干的，还就曾国藩一个。所以穆彰阿知道此事后很是有些气恼。

道光皇帝召见曾国藩，问他："文庙翻建是国家的大事情，一丝一毫都不容大意。朕让你署副总监理这件事，是朕亲自决定的。难道朕信任你错了？"

曾国藩说："微臣于土石运筹一窍不通，又没习过算学，这么重要的事情，让臣这样的门外汉充数，怎么能行呢？微臣从不敢拿皇上交办的事情当儿戏，这样的大事一旦出现差错，臣是不敢想后果的。"

道光皇帝说:"做我大清国的官员,凡事都要学、要懂、要会才对。户部的官员不仅要懂户部的事,还要懂礼部、兵部、工部、刑部、吏部的事情。你虽位在翰林院,你认为把翰林院的差事办好就是好官员了吗?历朝历代的名臣哪个不是出将入相、事事皆能呢?朕就不治你的罪了,望你把朕交办的事情办好。你下去吧。"

道光皇帝的一席话,把曾国藩说得诚惶诚恐,汗流浃背。当天,他就直奔工部值事房,向当值的郎中借来了《筑物法》《石拱桥梁法》《算学》《土石计算法》等书籍。等他一读,这才发现,学问一事绝非八股、诗赋一种。土木建筑,认真研究起来,也费神得很。

曾国藩自此决定,除了土木建筑之外,他还要系统地钻研一下军事、政治、外交以及关乎百姓生计的农情、商情、水利。"聪明不过是勤奋",他自此才信这句俗语绝非妄谈。他想,自己走进京城,不就是要做一名千古流芳的好官员吗?于是他决定按道光皇帝教导的话一步一个脚印地走下去。

曾国藩从此将自己的书房命名为"求阙斋",并为此作《求阙斋记》一文:

国藩读《易》至"临",而喟然叹曰:刚侵而长矣。至于八月有凶,消亦不久也。可畏也哉!天地之气,阳至矣,则退而生阴。阴至矣,则进而生阳。一损一益者,自然之理也。

物生而有嗜欲,好盈而忘阙。是故体安车驾,则金舆鏓衡,不足于乘;目辨五色,则黼黻文章,不足于服。由是八音繁会，不足于耳；庶馐珍膳，不足于味。穷巷瓮牖之夫，骤膺金紫，物以移其体，习以荡其志。向所搤捥而不得者，渐乃厌鄙而不屑御。旁观者以为固然，不足訾议。故曰：位不期骄，禄不期侈。彼为象箸，必为玉杯。积渐之势然也。而好奇之士，巧取曲营，不逐众之所争，独汲汲于所谓名者，道不同，不相为谋。或贵富以饱其欲，或声誉以厌其情，其于志盈一也。夫名者，先王所以驱一世于轨物也。中人以下，蹈道不实，于是爵禄以显驱之，名以阴驱之，使之践其迹，不必明其意。若君子仁者，深知乎道德之意，方惧名之既加，则得于内者日浮，将耻之矣。而浅者哗然骛之，不亦悲乎！

　　国藩不肖，备员东宫之末，世之所谓清秩。家承余荫，自王父母以下，并康强安顺。孟子称"父母俱存，兄弟无故"，抑又过之。《洪范》曰："凡厥庶民，有猷有为有守，不协于极，不罹于咎，女则锡之福。"若国藩者，无为无猷，而多罹多咎，而或锡之福，所谓不称其服者欤？于是名其所居曰"求阙斋"。凡外至之荣，耳目百体之嗜，皆使留其缺陷。礼主减而乐主盈，乐不可极，以礼节之，庶以制吾性焉，以防淫焉。若夫令问广誉，尤造物所靳予者，实至而归之，所取已贪矣，况以无实者攘之乎？行非圣人而有完名者，殆不能无所矜饰于其间也。吾亦将守吾阙者焉。

以后的事实证明，曾国藩是这么写的，也是这么做的。

转日，文庆带着曾国藩、编修官黄子寿及钦命的监工等一行十几人去工部面见匡正，领命分派职事。

经过与匡侍郎商讨，文庆让曾国藩负责工程预算。晚清官场腐败，建筑工程经常出现偷工减料、中饱私囊的现象。奉行廉洁的曾国藩，会如何完成文庆派发的任务，保质保量地完成施工项目呢？

曾国藩不敢怠慢。第二天一早，他先和工部专管测地的郎中甘熙丈量了一下要扩建的部分，又把要修缮的部位一一记录在案，大概估算了一下用料，无非汉白玉多少、沙石土方多少、洋灰多少等。办完这些，他就换上便服，单雇了一乘小轿，跑遍了京城的各大商号咨询价格。又去找买办，问准了洋灰、洋钢材的最低卖价。确信无疑后，便动手一款一款地写条陈。条陈细致到京师的商号谁家公允，洋行的洋灰洋钢哪家价格最低，买办是何许人、姓甚名谁的程度。最后，便是计算出所费银两数字：六千一百八十二两材料银，外加三百一十八两折耗，费银总数为六千五百两。雇工、用工是单赏的，曾国藩便没有将其计算在内，由工部直接核算。整整忙了五天，曾国藩把条陈郑重其事地呈给了文庆。

文庆接过条陈，望了一眼殚精竭虑的曾国藩，从心底对这个汉学士涌现出无限的敬意。看过条陈后，他更认定：曾国藩是个能办大事的人，绝非其他汉官可比。

当时的曾国藩也很尊重、看重文庆。因为大清国满人重武轻文，朝中的满官，一部分靠武学进身，一部分靠军功进身，还有一部分靠的则是祖荫。文庆的祖上虽然也是军功不凡，封侯封伯，但文庆偏偏是自己考取的功名，这样的进身自然就有分量了。曾国藩最尊重读书人，看文庆也就高出其他满官一眼。

文庆打发走曾国藩后，把这份条陈反复看了好几遍，愈发佩服曾国藩的精细和认真。之后他拿出笔，在条陈上细细地改了几笔，然后又亲自动手誊写了一份，这才送到工部侍郎匡正的手中。文庆是个老京师，凡事都给自己留一步。他担心，按曾国藩所核的数字往上报的话，一旦出现漏报，银子接续不上，自己如何跟上面解释？所以在他改过的这份条陈中，费银总数变成了六万五千两。

条陈递到匡正手上没多久，文庙的修缮和扩建就正式破土动工了。

工程开始后，曾国藩整整一个月没有回府。他除了在工地监工，还要每日向文庆和匡正汇报工程的进展情况，从各地招来的能工巧匠遇到刁难时，他也会亲自出面排解。他自己也明白，有些事他是大可不必亲自做的，可他还是愿意做。

一天午后，黄子寿劝他："曾大人，您老大可不必天天来工地，凡事由下官等禀告不就行了嘛。您看文庆大人和匡正大人，工匠们何曾见过他们的影子？都知道有了事找曾大人，哪里会想到曾大人的上头还有两位老大人呢？"

曾国藩苦笑一声："黄翰林，你哪里知道本官的苦衷！你难道没有看出，本官现任的差事是无功有过的吗？"

黄子寿有些吃惊："大人这话怎么讲？下官倒糊涂了。"

曾国藩对黄子寿道："这宗事顺利起来，得重赏的是匡正大人、文庆大人，他们是主事官，理当头奖；若有个事故出来，他们也只能担个失察的责任，顶多罚上一两个月的俸禄。二品大员的府上哪在乎这一两个月的俸禄呢？其实和没罚一样，走个过场罢了。而本官呢，降级使用那是轻的，革职永不叙用，随便定一个什么罪名都不过分呐！你是个头脑聪明的翰林公，怎么在这事上糊涂了？"

黄子寿叹一口气："大人考虑得深远，下官终生也难以企及啊！"

曾国藩再次苦笑："本官自从点了翰林，无一日不诚惶诚恐。几时才能放开胆子做一两件自己得意的事？"

文庙终于修缮扩建完工了，负总责的工部右侍郎匡正大人的顶戴依然一尘不染，甚至是愈发鲜亮了，翰林院掌院学士文庆大人的脸色还是那般红润溢彩，好像比从前更滋润了，但身为从四品翰林院侍讲学士的曾国藩却整整瘦了一圈。

道光皇帝在勤政殿兴高采烈地召见了负责文庙修缮扩建的匡正、文庆、曾国藩、黄子寿等十几名副监理以上官员，夸奖道："文庙乃我大清学子心中的圣塔，是万代基业，尽管耗银三十万两，也是用在当务。"言毕，当场封赏众人。

御赏匡正黄马褂一件，白银一千两，交由吏部叙优[①]；御赏文庆鼻烟壶一个、扳指一个，白银八百两，交由吏部叙优；御赏曾国藩竹扇一柄，上有道光亲题的"凉矣"二字，白银五百两，交吏部叙优；黄子寿等以下官员也都有不同程度的封赏。真个是人人有份，个个叙优。尽管当时大半个中国受灾，户部存银有限，但道光还是硬挤出一部分银两，来重赏这班有功的大臣。

---

① 叙优：品评官员的机构叙说某官员的政绩、优点、长处、成就等。

第五节 不循旧习，参倒匡侍郎

在曾国藩尽职尽责的监督下，文庙的修缮工程终于顺利完工了。原本以为尘埃落定的曾国藩，却听到了一个让他惊诧万分的消息。到底是出了什么状况，让尽职尽责的他反倒遭到了上级的弹劾？这次危机又会给他的为官生涯带来怎样的转变呢？

曾国藩听到这次修缮文庙整整消耗库银三十万两，心下惊诧不已。他又到文庙走了一趟，围着修缮过的堂舍和新建的房屋看了又看，怎么看怎么怀疑。

曾国藩去见文庆，重提预算的事，认为实际用银和自己的预算不可能相差四十多倍，这里面一定有问题。

文庆却告诉曾国藩："文庙已经移交给礼部了，匡侍郎承办的事情想必是不会出错的，老弟就不要过问此事了。何况，这宗事你我唱的原本就是配角，能办到这种程度，已是天底下一等一的了。老弟，这是皇家扩建文庙，比不得咱们盖宗祠。"这就等于告诉曾国藩，闲事还是少管得好。

此时，曾国藩心中已经断定，肯定有人在工程中挪用公款、以权谋私。他经过详细比对，坚信自己核算的数字是对的。于是曾国藩写了一个折子，表明他认为在此次修缮文庙的过程中，工部侍郎匡正有贪污的嫌疑，奏请朝廷重新派人核算工料成本，并准备连同自己拟就的预算原始条陈一起递上去。

折子写好之后，曾国藩忽然想到，这件事涉及文庆，他怎么可能代自己上奏这份折子呢！因为按照大清律例，四品以下的官员是没有资格单独奏事的，其条陈或折子须由二品以上的上宪代奏，外官则由督、抚代奏，没人能破此例。

曾国藩反复思索，忽然想到，何不转呈给都察院，由监察御史代奏呢？于是第二天一早，他就将折子递到了都察院。

这件事很快就被匡正知道了。为了保住自己的官位，匡正紧急上了一道折子参曾国藩，说他居京以来，一贯以结交满大臣为耻，修缮文庙期间更是专权跋扈、行事孟浪、为所欲为，给国家造成很大浪费，奏请将他革职拿问。

没过几天，一道圣旨下来，将曾国藩由从四品翰林院侍讲学士，直接降到从七品翰林院检讨。曾国藩可谓升得快，降得也快。

手捧圣谕，曾国藩蒙了，不知道自己做错了什么。

因为吃饭的人一个不少，而曾国藩的收入却大打折扣，曾府上下的生活很快便陷入了窘迫的境地。曾国藩又过起了寅吃卯粮的日子。

这几年为了贴补家用，曾国藩在处理政务之余，招了几名门生。曾国藩一被降职，在曾府学习的这些门生，便陆陆续续离开曾家，另投师门了。

曾国藩不知道这次降级是什么原因，对问题出在哪里百思不得其解。实际上，问题恰恰出在他送往都察院的那份折子上。

那日，都察院当值的御史是个专职的左都御史，既不兼军机大臣，也不挂大学士的名头。这名御史姓劳名仁，军功出身，是正黄旗人。因为劳仁是惯上折子的，一班官员就称他为"劳顿"，叫得含糊了就成了"恼人"，最后连道光皇帝也戏称他为"恼大人"了。"恼大人"利用职务之便，早就做起了借机弄钱的勾当。

他看到曾国藩的那份折子，认为是个发财的好机会，就带着折子去见匡正。匡正看了折子后当然大吃一惊，先拿钱堵了劳御史的嘴，其后马上毁了曾国藩的奏折。

第二天，匡正就上了参奏曾国藩的那道奏折。匡正暗下决心，即便是拼尽全身力气，也要把曾国藩参倒。曾国藩不倒，他匡正永无宁日。不几日，圣旨下，曾国藩落了个降职处分，匡正的心这才安了。

曾国藩十分不服，又把自己的奏折交给一位比较耿直的监察御史。曾国藩认为，发现问题而不举报，就相当于同犯。自己的一身清白不能毁在这件事上。

那位御史经过访查，逐一核实了曾国藩所做预算费用与京城商铺的材料价格，发现曾国藩的折子有理有据，而匡正所报费用与实际费用出入巨大。他知道，必定是匡正在其中上下其手，于是就大胆地把曾国藩的折子递进了宫里。

道光皇帝收到折子吓了一跳，匡正是他比较看好的一位臣子，而且他对匡正不薄啊，匡正怎么能干这种事呢？

道光皇帝把这份折子悄悄放起来，然后便打发人开始了调查。调查什么呢？就是调查曾国藩的核算是真是假，看看到底是谁在蒙自己。哪知道越查，道光皇帝的心悬得越高。原来，真正忠于自己的，还是这位长着一双三角眼的曾国藩。

至此，道光皇帝对曾国藩才算彻底放下心来。很快下了一份圣谕，圣谕曰："奉圣谕，据都察院左都御史劳仁奏称：工部侍郎匡正，利用文庙修缮一节，大肆侵吞库银。经查实，著即刻革去匡正工部侍郎职分，降三级调奉天府使用。所吞库银，悉数归还，财产抄一半入库，罚薪三年。又谕：翰林院掌院学士文庆，对匡正侵吞库银一事隐匿不报，著由吏部申饬，并停俸三个月，以儆效尤。"

转日，又一份吏部咨文下到各部院："奉圣谕，据前工部侍郎匡正奏称：翰林院侍讲学士曾国藩居京以来，一贯以结交满大臣为耻，尤其修缮文庙期间，更是专权跋扈、办事糊涂云云。经查实，实系妄奏。著即日起，曾国藩开脱所有处分，升授翰林院詹事府少詹事兼署大理寺少卿。"

就这样，曾国藩成了大清国响当当的正四品京官。

第六节　简在帝心，越贬越升官

道光皇帝自己谨言慎行，喜欢循规蹈矩、一成不变的人，然而特立独行、与众不同的曾国藩却在很短的时间内，就深得他的赏识与厚爱。每逢节庆，道光皇帝都会写很多"福"字赏赐身边的王公大臣，以示恩宠。但这次，道光皇帝却送给了曾国藩一份百年一遇的圣恩大礼。

道光皇帝接连几次派曾国藩办理很困难的差事，曾国藩每次都完成得很出色，于是便越发重用曾国藩。

一次，抱恙的道光皇帝在寝宫召见了曾国藩，特意把自己用了七天时间，亲笔为曾国藩书写的四张条幅赏给他。这四张条幅不仅落了圣款，还钤了御印。

第一张条幅的上方是"主敬"两个大字，下面写的小字是：

> 圣学之源，基于方寸。敬乃德基，先民有训。
> 相在尔室，日明日旦。翼翼小心，毋怠毋玩。
> 衣冠必正，动作毋慢。操存省察，主一应万。
> 造次于是，斋庄无远。集木临渊，是则是宪。

第二张条幅的上方是"存诚"两个大字，下面写的小字是：

> 物与无妄，天地之心。不诚无物，奈何不钦。
> 诚无不动，惟天裴忱。可孚豚鱼，可贯石金。
> 戒惧慎独，毋愧影衾。钟鼓闻外，鹤和在阴。
> 勿任智术，勿恃阻深。纯一不已，理包古今。

第三张条幅的上方是"勤学"两个大字，下面写的小字是：

> 饱食终日，宴安自居。迭迁寒暑，迅若隙驹。
> 胡不志学，以立身躯。气志奋发，私欲涤除。
> 精研五典，爱惜三余。优游涵泳，渐积工夫。
> 寸阴是竟，勿惮勤劬。日就月将，斯圣之徒。

第四张条幅的上方是"改过"两个大字，下面写的小字是：

> 人谁无过，患不自知。知而弗改，是谓自欺。
>
> 告我以过，是我良师。小人文过，以逞偏私。
>
> 纵欲成性，贻害无涯。日月之食，于明何亏？
>
> 从绳则正，增美释回。不远无悔，念兹在兹。

曾国藩把这四张条幅跪接在手，一时感动得泪流满面，竟不能多说一个字。道光皇帝也不着一词，只挥了挥手，便让曾国藩退下。

按大清老例，只有宫内有大喜事，或该大臣有大功绩的时候，皇上才会对该大臣赏上几个字，还多是太监们代笔，无非盖了御印而已。一个病中的皇上一次为一名四品官员用七天的时间写上四张条幅，这在大清尚不多见，道光年间，更绝无仅有，只此一次。这种圣恩，说是百年一遇，绝不过分。

由此可以看出，道光皇帝已经把曾国藩当成了可以信赖的人，当成了自己人。事实证明，道光皇帝看对了，曾国藩后来果然成了大清国的大救星，成了一个扭转乾坤的人。

是年年底京察，曾国藩被道光皇帝破格升授正三品太常寺卿。

道光二十七年（1847 年）初，曾国藩三十七岁，授二品内阁学士署礼部侍郎，成了红顶子高官。

自打道光皇帝把曾国藩当成自己人之后，曾国藩的仕途几乎是顺风顺水，一路飙升。就连见多识广的穆彰阿都在私下感叹："吾座下弟子万千，无有超过曾涤生左右者！"

道光二十八年（1848年）曾国藩去大兴考核县学之后，"背"字再次降临到他的头上。

在这次事件中，曾国藩因触及满人的利益，犯了众怒，遭到在京满人的全力抵制。不但朝中掀起了一阵要求皇帝处理曾国藩的浪潮，而且不少满人生员到曾国藩的行辕聚众闹事，甚至要雇人杀他。虽然曾国藩经过请示后迅速处理了这场骚乱，但政敌仍然用"用刑过重，引起众怒"的借口攻击他。

道光皇帝出于保护曾国藩的目的，不得已下旨将他贬为正四品都察院六科掌院给事中。

实际上，在这时的都察院中，主管官员不是只挂个虚衔，就是开缺，曾国藩一来马上就成了都察院实际意义上的最高长官。明眼人一眼就能看出，皇上虽把曾国藩的品级由二品降为四品，但给他的职权却比以前重了——道光皇帝等于把一个庞大的都察院交给了他。

道光皇帝既平了旗人的愤怒，给了曾国藩一个降职的处分，同时又给了曾国藩更大的弹劾权、监察权，六大部全部纳入他的监察范围。曾国藩对这一点心知肚明，所以对道光皇帝充满了感激之情，更加用心办差。

没多久，曾国藩带着稽察库藏御史及相关人员到户部稽察银库时，查出了国库亏空的大案。时年三十八岁的曾国藩为表清白，堵住政敌恶言诽谤的嘴，当众把自己脱了个精光，光着屁股走进银库清点现银，查清了国库亏空的真相，从贪污库银的墨吏手中，为国库追回上百万两的白银。

身居四品的曾国藩的这一脱，赢得了道光皇帝的空前信任，因功升授礼部右侍郎兼署都察院左副都御史。

自此，他又开始遍兼兵部、刑部、工部、吏部侍郎，踏上仕途全新境界，成了文武百官公认的、最能干事的官员。

第七节　低调做官，为人要谨慎

古有苏秦执掌六国相印，后有曾国藩兼理五部侍郎。曾国藩大权在握后，并没有忘记勤俭的本性，低调为官的态度一直贯穿着他整个的为官生涯。在清朝时期，官员的礼仪制度森严，坐轿出行也同样有着严格的等级规定。身为朝廷二品大员的曾国藩，又是怎样处理这些制度给自己带来的困扰的呢？他能否以身作则，给混浊的官场风气带来改变呢？

按大清官制，京城四品以下官员在城内外只准乘四人抬的蓝呢轿子，俗称"四人抬"官轿；三品以上官员在城内可乘四人抬绿呢大轿，出城办差准乘八人抬的绿呢大轿，俗称"八抬大轿"。这是专门针对京城而言，外任不受此限制。

当时的官员大多极其讲究排场，无论是朝廷大员还是地方小官，都是出门坐轿、呼奴唤婢，官员对此早已习以为常、司空见惯。曾国藩又不按常理出牌了。

曾国藩以前一直乘四人抬的蓝呢轿子，升了二品官之后，他仍坐蓝轿，出城办差也不坐绿呢大轿。照常理，他不仅要增加抬轿的轿夫人数，而且轿呢也要由蓝呢换成绿呢，这才合体制。当然，这并不是硬性规定，官员如果达到了品级而收入不丰，是可以量力而行的，不算违制。但若品级达不到却为了图好看硬要乘高品级的轿子，那就算违制了。一旦被人举报出来，要受处罚，严重的，还会被革职、充军。

曾国藩早已打定主意，决不坐八人抬的绿呢轿。一则他收入有限，实在养不起太多闲人；二则因为自己还年轻，不想太招摇。他时刻牢记古人的三句话：月满则亏，水满则溢，人满则忌。官居三品时他就该乘绿呢轿子，他没乘，仍乘他那顶蓝呢老轿；如今官居二品了，他仍没打算乘绿呢轿子。

就因为他没有换轿子，闹出了场不大不小的笑话。

有一次，曾国藩坐着以前的蓝呢轿子去城外办事。这一天出城的人特别多，步行的多，坐轿子的也多。绿呢轿因为是八个人抬着，都在路中间走得飞快，蓝呢轿则要靠边一些。

平时给曾国藩扶轿的二爷苟四头前几天崴了脚，这次没有跟着出来。抬左后轿杆的许老三这几天正在犯气喘病，走几步便要咳上几声。可想而知，曾国藩的轿子走得很慢，曾国藩虽有些心急，却也无可奈何。

这时来到一处山冈，路不仅窄且不甚平坦，轿夫抬得有些吃力。也是无巧不成书，偏偏在这时，一顶仪仗整齐的八抬绿呢大轿从后面快速地赶了过来。曾国藩的轿子急忙往路旁靠，但因为路实在是太窄，绿呢轿还是过不去。

按常理讲，在这样窄的路段，就算蓝呢轿不让路，后面的绿呢轿也不该挑理，何况曾国藩的轿夫已经主动把轿子往路旁让了，这就更无可挑剔了。曾国藩的顶子从红的那一天开始，就不止一次告诫轿夫们："我虽然是二品官，但因坐的是蓝呢轿，见了绿呢轿，是必须让路的，不能因为我一个人而乱了官场的规矩。"轿夫们心下虽有些想不通，却不敢不照曾国藩吩咐的话去做。

但这次，也不知是绿呢轿里的大人指使所致，还是引路、护轿的人有意刁难，竟然不顾实际情况，非要教训一下这顶不懂规矩的蓝呢轿。先是绿呢轿的引路官骑着高头大马，跑到曾国藩的轿前打横站住，随后为绿呢轿扶轿的二爷马上就跑了过来，伸手来掀曾国藩的轿帘。轿夫们一见大事不好，吓得赶紧落下轿子。

曾国藩此时正聚精会神地构思一篇文章，前面忽然出现一匹高头大马，把他吓了一跳。还没等他弄明白发生了什么事，冷不防从轿外就伸进来一只手，把他当胸一抓，拉出轿外。他还没站稳，一巴掌就扇到脸上了。打他的人愤愤骂道："狗东西，知道爷为什么打你吗？你挡了俺家大人的道儿了！还不赶紧去赔礼，小心爷打断你的腿！"

曾国藩一听这话，心下的第一反应是：坏了，一定是我的轿子挡了哪位王爷的路，惹王爷生气了。他之所以会这么想，是因为在大清朝，只有皇上和王爷的扶轿官敢打一名二品官的嘴巴。

曾国藩被眼前的情形吓坏了。看到这样的排场和阵势，他知道面前这顶绿呢大轿的主人必是一位王公贵戚。面对打了他的绿呢大轿随从，战战兢兢的曾国藩此时只想着一件事，那就是如何向这位王爷道歉才好。

曾国藩紧走几步，哪知还没走到绿呢轿的跟前，绿呢轿里的官员竟然当先从里面蹦了出来，倒把曾国藩吓了一大跳。那人一步蹿到曾国藩的身前，"扑通"一声跪下，边叩头边道："奴才们有眼无珠！奴才们有眼无珠！请大人恕罪！"

曾国藩一看，跪着的官员亮蓝顶戴、孔雀补服，竟然是个三品官。

天啊！一个三品官都敢摆这么大的谱，这人也太牛气了。曾国藩不用猜都知道，他肯定是个满官，因为汉官没这么大的胆子。走到近前一看，还真是个满官，而且还是自己的属下。这笑话可闹大了。

这件事过去不久，有御史上折参奏曾国藩无端降低仪仗规格，造成大清官制混乱，请求严办曾国藩以正国体。折子递进宫去，病中的道光只看了一半儿便批了"勿庸议"三字。上折的御史讨了个没趣。

自此以后，但凡三品以上大员出行，都会和护轿二爷交代一句："长点儿眼睛，内阁学士曾大人坐的可是蓝呢轿！"

曾国藩其实也不是故意要出谁的丑，他就是不想招摇而已。升官过快已经让他感到害怕，如果再招摇过市，说不定马上就要有灾祸降临，那样可就不划算了。

这种心情，可以从他给祖父的一封家书里看出来。这封家书是这样写的："六月初二，孙荷蒙皇上破格天恩，升授内阁学士兼礼部侍郎衔。由从四品骤升二品，超越四级，迁擢不次，惶悚实深。"

他给四位弟弟的信则这样写道："大凡做官之人，往往厚于妻子而薄于兄弟，私肥于一家而刻薄于亲戚族党。予自三十岁以来，即以做官发财为可耻，以宦囊积金遗子孙为可羞可恨，故私心立誓，总不靠做官发财以遗后人。神明鉴临，予不食言……盖儿子若贤，则不靠宦囊亦能自觅衣食；儿子若不肖，则多积一钱，渠将多造一孽……故立定此志，决不肯以做官发财，决不肯留银钱于后人。"

曾国藩最难能可贵之处，就是说到便做到。纵观古今中外，有几人能做到这一点？

所以，曾国藩成为大清国的二品高官以后，一直坐普通官轿上下衙门，到城外办差也没有换过轿子。这看起来不算什么大事，也不能说明什么，但对扭转官场日渐兴盛的奢靡之风、攀比之风，确实起到了一定的遏制作用。曾国藩这种身居高位却每日如履薄冰、低调谦卑的心态也正是他能够成为晚清"中兴第一名臣"的重要基石。

第八节　严审琦善，得罪满勋贵

道光皇帝死后，皇四子奕詝继位，即咸丰皇帝。咸丰皇帝对曾国藩的圣眷远不如道光皇帝，他登基初期最倚重曾国藩的一个差事，就是会审琦善。会审琦善是怎么回事呢？为什么要特别提一提这件事呢？

琦善，满洲正黄旗人，博尔济吉特氏，字静庵。

道光二十年（1840 年），琦善在直隶总督任上对林则徐禁烟产生不满，上奏道光皇帝，诬蔑林则徐在禁烟一事上措置失当，力主妥协投降。道光皇帝迫于英军的坚船利炮，只好将林则徐革职并遣戍新疆，同时调琦善为钦差大臣，赴广东与英军议和。

琦善为了讨好英军，一到广州便遣散水勇、拆除海防，使得英军更加肆无忌惮，还逼他瞒着道光皇帝签订了《穿鼻草约》，并私许割让香港，开放广州，赔偿烟价六百万银圆，给大清造成了无法弥补的巨大损失。尽管私订条约一事终被广东巡抚瓜尔佳·怡良揭发暴露，琦善被革职拿问，但香港被英人拿去还是成了事实。

两年后，琦善给穆彰阿送了十万两白银，又被道光皇帝起用，并且很快委以驻藏大臣、四川总督等重任。道光二十八年（1848年），琦善更是春风得意，不仅恢复了世袭侯爵，还调任陕甘总督、署青海办事大臣。在此期间，琦善把自己媚外的本领施展得淋漓尽致——真是洋人要地皮就给地皮，要银圆就给银圆，把青海、新疆、宁夏、西藏，弄得乌七八糟。

偏偏这时候，道光皇帝病魔缠身，有时连看折子的气力都没

人 物 链 接

◎ 琦善（约 1790—1854）

满洲正黄旗人，博尔济吉特氏，字静庵，军功出身，袭侯爵，是道光年间的重臣。历任巡抚、总督、将军等。按《曾国藩年谱》记载："大学士琦善在新疆办理番案得罪，钦差大臣萨迎阿前往查办，奏请将琦善交刑部治罪，奉旨逮问。闰八月，琦善至京师，入刑曹，钦派军机大臣三法司会审。"褫职获罪。后被起用，奉命建立江北大营，不久病死。

◎ 林则徐（1785—1850）

福建侯官（今福州）人，字元抚，又字少穆，晚号俟村老人。两榜出身，是道光年间的重臣。道光二十年（1840年）一月任两广总督，同年十月被革职。咸丰帝登基被起用为钦差大臣，赴广西督理军务，死于赴任途中。

有，国事全部依赖穆彰阿来办理。于是琦善又因为番事办得得力而升授协办大学士，堂而皇之地入阁拜相了。

琦善有一个特点，就是在洋人面前全无精气神，而面对百姓时，他不仅狠，而且恨。如果有百姓偷了洋人的一点儿东西，他不仅要杀百姓本人，还务必要灭那人的九族。可以说，当地百姓在他心目中一丝地位也没有，这就激起了新疆撒拉族人民的不满。

琦善起初根本没把这些老百姓当一回事，只让辖下的将军、提督们带了一两千人去"征剿"。哪知往来"征剿"了几次，撒拉族人不仅没有被"剿灭"，反而越"剿"越多。他这才怕了，亲自点了五千人马，也不报告皇上，径自去"追剿"了。但是第一仗就被撒拉族人打了个屁滚尿流，所幸人员伤亡不大。

琦善这才知道，撒拉族不仅悍勇，而且很会打仗。但琦善是绝不甘心背个吃败仗的名声的，两手空空地回去也不好看。于是他一声令下，杀起无辜的族人来。连着血洗了三四个村庄，杀了上千人，牛羊也掠了一些，这才回营声称凯旋。一连几天，又是摆庆功酒，又是给皇上开具长长的保举单，很是热闹。

新疆的无辜百姓气不过，就联名告到宁夏将军萨迎阿那里。萨迎阿是归琦善节制的，他怎么敢惹琦中堂呢？只好一封折子，夹着万人联名状，用八百里快骑送进了京城。

咸丰皇帝一见萨迎阿的折子，仿佛一下子掉进了冰窟里。广西已经闹得人仰马翻，新疆不能再出乱子了。咸丰皇帝立时下旨，着萨迎阿严查密访，如属实，立马报京。

萨迎阿不敢耽搁，连夜行动，很快就将此事查实：琦中堂凯旋是假，乱杀无辜是真。于是他将此事飞马报京。咸丰皇帝接折大怒，下旨将琦善革职，所遗陕甘总督一缺由萨迎阿暂署，着萨迎阿差人将琦善押解进京，候审问罪。

咸丰皇帝决定通过会审琦善，把已经陷入低谷的朝纲重新振作起来。当时，咸丰皇帝对诸王、大臣们说得最多的一句话是："王子犯法与庶民同罪。"他把事情想得太简单了，但此时曾国藩还是通过咸丰帝对待琦善的态度，看出了大清重新崛起的希望。

清代的官吏等级制度沿用了自汉魏六朝以来的"九品十八级"基本制度，每一品有正、从之别，不在十八级以内的叫作未入流。此外还设有公爵、侯爵、伯爵这三种"超品"爵位，高于正一品爵位。

此时琦善已经官至超品，虽被革职，但世袭的侯爵尚在。三法司会审一名侯爵大学士，这在大清还是首次。三法司会审琦善，变成了琦善审理三法司。因为琦善是侯爵，而审他的人没有一个爵位是超过他的。他一上堂，众官员赶紧给他放座、敬茶，然后全都站起来，又是施礼，又是问安。这样一来，这案子还怎么审？

琦善本人在大堂上也非常嚣张，大放厥词道："老夫受皇上指派，坐镇陕甘两年，保得外夷不侵、百姓平安！新疆、西藏乱民叛乱，全因萨迎阿不理军事，一味在府中饮酒行乐。他现在反诬老夫一身不是，老夫如何得服？"反告萨迎阿蛊惑皇上，要与他在君前对质。

主审官员把结果往上一报，自认为聪明无比的咸丰皇帝也蒙了。穆彰阿主张，不要搞三法司会审了，由皇帝下一道圣旨，把琦善直接定罪得了。但咸丰皇帝为了体现司法公正，也是想让祖上立有大功的琦善心服口服，没有采纳穆彰阿的建议，还想来次会审。

曾国藩得知三法司会审的闹剧后，当即上折指出："琦善虽位至将相，然既奉旨查办，则研鞠乃其职分。如其不然，将来大员有罪，谁敢过问之？"

不久，咸丰皇帝的圣谕便下到礼部："著曾国藩即日起兼署刑部右侍郎，望该侍郎忠诚为国，一心为公。钦此。"曾国藩此时的职衔与署衔有：实授礼部右侍郎，署兵部侍郎，署工部侍郎，署刑部侍郎。

曾国藩依老例到勤政殿具折谢恩，得蒙召见。咸丰皇帝告诉曾国藩："朕让你兼署刑部侍郎，是想让你主审琦善。刑部能管得民，就能管得官，就能管得公、侯！曾国藩，你是先皇比较倚重的老臣，朕交办的事，你就大胆去办。"曾国藩对咸丰皇帝说："臣不敢抗旨不遵。但臣以为，皇上对琦善完全可以依老例。如证据确凿，或革职，或充军，下道谕旨就行了，何必非要三法司会审不可？"

咸丰皇帝想了想道："琦善祖辈有功于大清，琦善也是本朝的老臣。他这个年纪，早该回京享清福了！可琦善仍然替朕镇守着边关。像这样享大位、有大功的人，只凭朕的一旨决断，不是太草率了吗？"

曾国藩接受了咸丰皇帝指派的差事，但也提出了一个条件——希望借咸丰皇帝的皇冠供奉在刑部大堂。咸丰皇帝同意了他的要求。

第二天早朝时，当值御前太监宣布圣谕："琦善一案，著礼部右侍郎、署兵部侍郎、署工部侍郎、署刑部侍郎曾国藩牵头主审，监审为大学士祁寯藻、文庆，副主审是刑部尚书恒春、都察院左都御史花沙纳、内阁学士兼署礼部侍郎肃顺及大理寺卿倭仁。各部、院侍郎以上官员陪审。"

退朝后，曾国藩当先赶往刑部大堂，各部、院侍郎以上官员随后跟进。

把琦善提上来后，曾国藩见不得他趾高气扬的样子，大喝一声：

"琦善，你进了刑部大堂，还不跪下！"

人物链接

◎ **恒春（生卒年不详）**

满洲正白旗人，萨达拉氏，字宜亭，嘉庆年间进士。咸丰元年（1851年）任刑部尚书，咸丰二年降四级调任。

◎ **肃顺（1816—1861）**

满洲镶蓝旗人，宗室贵族，字雨亭，一字豫庭或裕亭，郑亲王端华之弟。大内侍卫出身，咸丰初年任户部侍郎，咸丰帝驾崩前受命为赞襄政务王大臣。祺祥政变时，被慈禧太后处死。

琦善先是一愣，当看清问话的是曾国藩时，不由得哈哈大笑道："曾国藩，你一个二品侍郎，也敢跟老夫这般讲话！你是藐视我大清官制吗？"

曾国藩把面前的黄缎布用手一拉，大喝一声："皇冠在此，你敢不跪！"

琦善定睛一看，曾国藩的面前果然放着一顶金光闪闪的皇冠。顿时双腿一软，"扑通"便跪倒在地，冲着皇冠行起三跪九叩的大礼。大厅两旁听审官员的脸上，均露出对曾国藩的敬佩之色。

曾国藩接着问："琦善，本部堂受皇上钦命，审你滥杀无辜一案。你要从实招来，不得隐瞒！"

琦善口出狂言："曾国藩，你一个二品侍郎，也敢审侯爷，你是真活够了！看本侯不抽你大耳刮子！"

曾国藩三角眼睛一立："本部堂职位虽卑，却也是大清国堂堂的朝廷命官！你辱骂我就等于辱骂朝廷！该掌嘴的是你！"说完就让人对着琦善来了一顿大巴掌。

曾国藩继续说："琦善，你既是大清的侯爷，又是陕甘总督，剿匪保边本是分内之事，你为何剿匪不力就擅杀百姓，还冒功领赏？"

一见曾国藩和他讲道理，一贯瞧不起汉人的琦善就又牛起来了，不仅咆哮公堂，还让曾国藩滚下堂去。

曾国藩气坏了，命令行刑官"往死里打"，理由是："琦善口出狂言，咆哮公堂，藐视朝廷，儿戏王法！"

琦善被一顿好打，但仍不服气，还说曾国藩是酷吏。曾国藩索性一不做二不休：你说我是酷吏，今天我就一酷到底。这么一想，曾国藩马上就让人把琦善架到了老虎凳上。

琦善受刑不过，质问曾国藩："老夫与你有何仇、有何怨，你要对我下此毒手！"

曾国藩要的就是这句话，马上反问道："新疆的无辜百姓与你有何仇何怨？你为何指使督标对他们下手？要不是你滥杀无辜，我一个小小的侍郎焉敢审你？"琦善不由得问："你说我滥杀无辜，有何证据？"曾国藩马上传证人上堂与他对质。

曾国藩告诉琦善："如果不掌握你滥杀无辜的证据，我敢对你这堂堂大清国的世袭侯爷用刑吗？琦善，你身为大清国的陕甘总督，位在封疆，干系甚大，你不剿匪，却残害无辜百姓，你是想逼新疆的回民通通造反不成？你难道忘了官逼民反的古训？如果我不是奉有特旨，我敢坐在这个位置上吗？"

这话一问，琦善蒙了，自己嘀咕："是啊，他如果不是奉有特旨，怎么敢对我用大刑呢？罢罢罢，我就认栽吧。"

审完后，曾国藩给咸丰皇帝上了个折子，定琦善为秋后问斩。

依老例，刑部给犯罪大臣们拟定的罪罚，皇上都要给予一定程度的宽减，以示皇恩浩荡，此次也不例外。琦善终被问罪，结局是"查抄家产，发配军台"。

经过此事，曾国藩再次名声大振，但也和部分满贵大员结了梁子，还落了个"酷吏"的坏名声。

有一个民间说法，咸丰曾经说过"平定太平天国者封王"，而湘军打破天京（今南京）后，朝廷却只赏了曾国藩一个侯爵，赏了曾国荃一个伯爵，再未提封王的话，这个很可能和曾国藩"酷吏"的名头有关。

第三章

书生领兵有绝招

带兵之人，第一要才堪治民；第二要不怕死；第三要不急名利；第四要耐受辛苦。

第一节　纸上谈兵，书生意气

曾国藩的治军思想分两个阶段，这两个阶段，其实也正是他治军思想的发展脉络：第一，和平时期如何整顿经制之师；第二，国家出现动荡，经制之师不可用时，怎样练勇，怎样进行海防建设和军工建设。军工建设，说白了，就是武器、装备的建设。曾国藩很早就已经意识到，海防和陆防同等重要，要保证国家长治久安，光有陆军不够，还要建立一支强大的水上部队。

现在我们来谈谈什么是经制之师。所谓经制之师，说白了，就是国家的正规军队。

晚清时期的正规军队分两种。一种是由满族八旗组建的军队，称为旗营，也就是一般常说的八旗兵。旗营分马队和步兵，里面包括蒙古铁骑。旗营肩负着很重要的任务，既有翊卫京师之责，又有保护皇家安全之任务，还是打击侵略者的主要武装力量。旗营是清王朝的嫡系部队，归朝廷直接调遣，属于野战部队，最高长官是督统、将军。

除旗营之外，顺治初年时，清廷在统一全国的过程中，将收编的明军及其他汉兵，参照明军旧制，以营为基本单位进行组建，以绿旗为标志，因此称为绿营，又称绿旗兵。绿营归地方巡抚和总督领导，属于地方部队，最高长官是提督。

曾国藩在京里为官时，于道光二十七年（1847 年）六月升授内阁学士兼署礼部侍郎。道光二十九年（1849年）八月，以礼部右侍郎之位兼署兵部右侍郎。

咸丰元年（1851年）三月，曾国藩针对军队的实际情况进行了详细的摸底调查，按照自己的治军思想，给朝廷上了一个《议汰兵疏》，开篇便写道：

> 臣窃维天下之大患，盖有二端：一曰国用不足，一曰兵伍不精。兵伍之情状各省不一：漳泉悍卒，以千百械斗为常；黔蜀冗兵，以勾结盗贼为业。其他吸食鸦片，聚开赌场，各省皆然。大抵无事则游手恣睢，有事则雇无赖之人代充。见贼则望风奔溃，贼去则杀民以邀功。
>
> 章奏屡陈，谕旨屡饬，不能稍变锢习。至于财用之不足，内外臣工人人忧虑。自庚子以至甲辰五年之间，一耗于夷务，再耗于库案，三耗于河决，固已不胜其浩繁矣。
>
> ……
>
> 自康熙以来，武官即有空名坐粮，雍正八年因定为例：提督空名粮八十份，总兵六十份，副将而下以次而减，下至千总五份，把总四份，各有名粮。又修制军械，有所谓公费银者，红白各事，有所谓赏恤银者，亦皆取给于名粮。故自雍正至乾隆四十五年以前，绿营兵数虽名为六十四万，而其实缺额常六七万。至四十六年增兵之议起，武职坐粮另行添设，养廉、公费赏另行开销正项。向之所谓空名者，悉令挑补实额，一举而添兵六万有奇，于是费银每年二百余万。此臣所谓饷项赢绌一大转关者也。是时，海内殷实，兵革不作，普免天下钱粮已

经四次，而户部尚余银七千八百万。

高宗规模宏远，不惜散财，以增兵力。其时，大学士阿桂即上疏陈论，以为国家经费骤加不觉其多，岁支则难为继，此项新添兵饷岁近三百万，统计二十余年，即须用七千万，请毋庸概增。旋以廷臣议驳，卒从增设至嘉庆十九年。

仁宗睹帑藏之大绌，思阿桂之远虑，慨增兵之仍无实效，特诏裁汰。于是各省次第裁兵一万四千有奇。宣宗即位又诏抽裁冗兵，于是又裁二千有奇。乾隆之增兵一举而加六万五千，嘉庆、道光之减兵两次仅一万六千。国家经费耗之如彼，其多且易也；节之如此，其少且难也！

把事实摆出来之后，曾国藩话锋一转，进入正题，向朝廷提出"请汰兵五万"的请求，以及裁军的理由。

臣今冒昧之见，欲请汰兵五万，仍复乾隆四十五年以前之旧。

骤而裁之，或恐生变。惟缺出而不募补，则可徐徐行之而万无一失。医者之治疮疤甚者，必剜其腐肉而生其新肉。

曾国藩接着谈起为什么要裁军，裁军有哪些好处。

自古开国之初恒兵少而国强，其后兵愈多而力愈弱，饷愈多则国愈贫。北宋中叶兵常百二十万，南渡以后养兵百六十万，而车益不竞。明代养兵至百三十万，末年又加练兵

十八万，而孱弱日甚。

曾国藩设想得非常好。先裁汰五万，两年后再裁汰五万，把节省下来的银子作为购买枪械和训练的费用。这样一来，兵额减少了，百姓的负担减轻了，而战斗力却提高了。

这时的正规军有多少呢？曾国藩有一个统计数据：八旗兵额二十五万，一半翊卫京师，一半驻防大江南北各战略要地；绿营兵额近六十万，就算裁汰五万，兵额也是旗营的一倍多。

曾国藩这话说得还是比较客气的，给朝廷和军队都留了很大的面子。他是刚刚管理军队，对里面的情况还不是很了解，有些话不敢乱说。那么，实际情况是怎样的呢？

实际情况比曾国藩所掌握的情况更糟：多数武官已经不会骑马，因为坐惯了轿子；很大一部分军兵已经不会打仗，因为他们都把心思用到赌博、吸食鸦片、嫖娼上去了；还有一部分人既不赌不嫖，也不吸食鸦片，但也不干正事，都在按照长官的指令做生意或走私。各级军官，个个膘肥体壮，满嘴流油，不要说跑步了，就是走路，也是异常费力。军队都变成这样了，还在扩军，还在加大税收力度，如不整顿，后果不堪设想啊！百姓受不了，都快活不下去了！

清朝定制，文官坐轿，武官骑马。现在的情况是，武官连马都不会骑了，还怎么上战场杀敌报国？养了这么多不会打仗的军官、军兵，吃空饷，乱支军费，私卖枪支弹药，成了军营的常课。名为保国安民的军队，成了扰民、吃民的虎狼之师，成了百姓的公害、公敌。

这个现象，不止曾国藩知道，朝廷也是心知肚明，只不过因怕引起动乱而不说罢了。从古到今，增兵容易裁军难。到了清朝，更是难上加难。但是从国家大局出发，曾国藩还是决定顶风上，提出了"汰兵五万"的建议。

曾国藩在这个时期的治军思想，总结起来就是：优胜劣汰，精简兵额，提高战斗力，减轻百姓负担。否则，国家就要大难临头，百姓就要遭大殃，动乱也就不远了。

曾国藩的《议汰兵疏》递给朝廷没几日，洪秀全便在广西发动了声势浩大的农民起义。广西本省绿营被打得屁滚尿流，溃不成军。咸丰一看形势不对，急忙把曾国藩的《议汰兵疏》放到一边，连日召开军事会议，决定命大学士赛尚阿赶往广西，授为钦差大臣，督办军务。曾国藩的这个折子，没有落到实处，顾不上了。

咸丰这时想好了：曾国藩要是看不出眉眼高低，再敢提裁军的事，我就收拾他！曾国藩果然没再提裁军的事。至于是不是怕咸丰收拾自己，那就不得而知了。

但曾国藩并没有停止思索，不久之后他就又给朝廷上了一道《简练军实以裕国用事》的折子，向咸丰皇帝提出建议：

> 天下大患，一在国用不足，一在兵伍不精。近者广西军兴，纷纷征调，该省额兵竟无一足用者，他省可推而知。当此饷项奇绌，惟有量加裁汰，稍加训练，庶饷不虚糜，而兵归实用。

曾国藩此时仍把镇压起义的希望寄托在经制之师身上。国家养军队是为了什么？就是为了保家卫国嘛。但他的这个折子并没有被朝廷真正采纳，因为许多人都不同意。还有一个现实的原因，洪秀全起义的大旗都立起来了，正当用兵之时，谁还敢裁军？

在这个时期，曾国藩在军队事务上虽然只上了这两个折子，但他的治军思想还是充分体现出来了。我们可以大胆推测一下，如果他发现旗营和绿营的实际情况比他看到的还要糟糕，估计他就不会顶风递这两个折子了。他这个时期的治军思想，还只限于口头和文字上，并没有实际操作过。更何况，清朝的军队也不是随便就让汉人操作的。尤其是削三藩之后，满人防汉人，更甚于防贼。

从另一个方面来看，曾国藩署理兵部侍郎的时间很短，但却一连上了两个折子，向当局者提了两个建议。

由此可见，曾国藩不想做一个碌碌无为的军队管理者。他想在有限的任期内，尽职尽责，尽量多为国家做一些事情。他认为只有这样，他才算对得起国家发给他的俸禄。

第二节　湘人练勇，自忠源始

早期的曾国藩把维护国家安全的希望寄托于八旗和绿营，然而现实中的八旗和绿营不堪一击，不得不让他的思想发生改变。面对这样的局势，曾国藩把打败太平天国的希望转移到了练勇上。那么，对练勇毫无经验的曾国藩，应该如何打造一支能和太平军抗衡的军队呢？他的治军思想又是如何形成的呢？我们先来认识一个人。

咸丰二年六月十二日（1852 年 7 月 28 日），咸丰皇帝钦命曾国藩充江西乡试正考官。曾国藩于当月二十四日驰驿出都，赶往江西。不料在中途收到老母亡故的讣告，于是向同行的人交卸公务，转道回籍丁母忧。

曾国藩回籍丁忧期间，看到势头很猛的太平军和节节败退的清军，他的治军思想再次发生变化。他发现，依靠国家经制之师维稳的可能性已经没有了，要想打败太平天国，必须抛开暮气沉沉的正规军队，另起炉灶——募勇，训练自己的军队。

他的治军思想之所以会发生如此大的变化，主要是受了他的新宁老乡，和他有师生之谊的举人江忠源的影响。

江忠源是湖南新宁人，出生于嘉庆十七年（1812 年），出身的家庭无可挑剔，是一个书香门第。父亲江上景是秀才，隐居教学，清贫度日。江忠源秉承父志，攻读诗书，少年时便能写一手好文章。虽然他不好八股，爱读对考试无助的实用书籍，却仍然是个正儿八经的读书人，十五岁便考中了秀才。

江忠源生就一副好身板，面目英俊，性格开朗，乐于交际。年少时曾交友不慎，总是跟一帮赌徒混在一起，赌瘾深重，偶尔赢钱，便去冶游（即嫖妓）。那些守法执礼的书生，对他侧目而视，不敢与他为伍。江忠源并不在意，由着性子玩耍，一直混到二十五岁。当时他考中了举人，但因为名声不佳，大多数读书人都不屑于跟他交往，对他唯恐避之不及。只有几个人并不人云亦云，其中就有在京城当御史的黎樾乔，黎樾乔第一次看见江忠源便说"此人是

个勇士，必死于战场"。

曾国藩当年在京城湖南人的圈子里影响很大，接触面较广。早就有人在他耳边说三道四："新宁来的那个江忠源又赌又嫖，千万不要理睬他。"但曾国藩和黎樾乔交往颇深，黎樾乔的话引起了他对江忠源的注意。

这一年，江忠源因为打算参加会试而留居京城，跟随郭嵩焘来求见曾国藩。他见曾国藩相貌不凡，异于常人，因此肃然起敬。但他从不谨小慎微，并不拘束，宾主之间的谈话气氛非常活跃。难得的是，两人居然没有切磋学问，尽聊一些市井琐事，不时开怀大笑。江忠源毫无掩饰，胸襟坦荡，曾国藩跟他不免有些相见恨晚的感觉。

分别时，曾国藩目送江忠源出门，回头对郭嵩焘说："京师求如此人才不可得。此人他日当办大事，必立功名于天下，然当以节义死。"郭嵩焘一愣，问道："涤生兄如何知道？""凡人言行，如青天白日，毫无文饰者，必成大器。"曾国藩回答。

曾国藩对江忠源的评价与黎樾乔的预言异曲同工，这把江忠源拔高了许多。黎樾乔和曾国藩都不是信口开河的人，尽管听者不敢苟同，却在吃惊之余有几分羡慕，不知江忠源如何入了曾大人的法眼。

《曾国藩年谱》里提到这件事时，是如此描述的："公与语市井琐事，酣笑移时。江公出，公目送之，回顾嵩焘曰：'京师求如此人才不可得。'既而曰：'是人必立功名于天下，然当以节义死。'时承平日久，闻者或骇之。江公自是遂师事公。"后面的话是什么意思呢？是说听说这件事的人都很惊讶，但江忠源从此后就把曾国藩当成自己的老师看待。

曾国藩对练勇的认识，全部来源于江忠源，得益于江忠源的帮助。甚至可以说，如果没有江忠源，就没有湘勇；没有湘勇，就没有同治中兴第一名臣曾国藩；没有曾国藩，中国的历史说不定就要被改写。所以，别看江忠源死得很早，但他所起的作用非常大，他才算湘军的真正鼻祖。

道光二十五年（1845 年），朝廷对参加三科会试未中的举人进行六年一次的大挑，江忠源名列二等，可以当个教职官员，他决定回乡。他的家乡新宁地处湘桂交界，当地流民过多，民风素来剽悍，械斗成风，帮会道门众多，常有流血事件发生。为了保护一方平安，以防受到外人的欺侮，江忠源集资购买了一些枪炮，利用业余时间，召集江家子弟百余人，按照戚继光练勇的办法进行训练。别看这支队伍人数很少，这就是当时湖南团练的最早雏形。

道光二十七年（1847 年），瑶族人雷再浩在新宁黄卜峒发动起义。江忠源组织团练镇压，击破敌军巢穴，擒杀雷再浩，被擢升为知县，赴浙江候补出缺。

道光二十九年（1849 年），江忠源担任秀水县知县，因政绩卓著，受到浙江巡抚吴文镕的赏识。

道光三十年（1850 年），咸丰皇帝即位，诏令部院九卿举荐贤才。江忠源在礼部左侍郎曾国藩的推荐下，入京朝见皇帝，但不久便因父亲去世，辞职守孝。

也就是在这个时候，洪秀全在广西发动起义，把官军打得屁滚尿流，奉旨到广西督办军务的钦差大臣赛尚阿奏请夺情起复①江忠源。于是咸丰皇帝给江忠源下旨，命其在原籍加紧募勇，然后到广西去"围剿"太平军。

江忠源召集旧部，又招募了些新勇，成一营五百人，定名"楚勇"。其中包括营官、哨长、护勇、什长、正勇、伙勇。勇丁对什长负责，什长对哨长负责，哨长对营官负责，营官对统帅江忠源负责。这样一来，楚勇的优势就非常明显了：绿营是"大锅饭"，责任不明确，奖罚不分明，楚勇则责任明确，奖罚分明，而且重奖重罚；绿营是说了不算，而且克扣军饷成风，有个顶子就贪，楚勇是江忠源一个人说了算，营官以下基本都是草根，江忠源说啥就是啥。

还有一点也要说明一下：江忠源招募的楚勇都是穷苦百姓家的子弟，出来当兵既能为家里省份口粮，还能挣些银子贴补家用，就算战死了，还能给父母挣个棺材本。

老话讲，"湘楚大地出好兵"。江忠源就是靠五百人起家，最后将楚勇发展到了近万人。江忠源训练楚勇的模式，后来成了曾国藩湘军的样板。

江忠源的结局和曾国藩预料得一模一样。江忠源在"立功名于天下"之后，被朝廷实授为安徽巡抚。但他上任不久，就遭到太平军的围攻，于是"以节义死"，年仅四十三岁。

---

① 起复：明、清两代指服父母丧满，重新出来做官。

第三节 团练初办，万事纷扰

勇和兵是不一样的。

兵是国家的经制之师，归国家统一调遣。兵有定额，国家供应粮饷、枪炮、弹药，遇有战事，还有更加优厚的待遇，和现在的军队大致相同。

勇属于民兵性质，国家不供应粮饷，更不供应枪炮、弹药，一切都靠自筹。但勇没有定额，也不归国家统一调遣。如果配合官军出征立了功，会有奖励。勇有很大的自主性，这是勇和兵最大的区别。

通过对兵和勇的比较，曾国藩认识到勇比兵在作战时更具主动性，这在很大程度上可以弥补八旗和绿营的不足。于是，他在《敬陈团练查匪大概规模折》中，对咸丰皇帝这样说道：

因于省城立一大团，认真操练，就各县曾经训练之乡民，择其壮健而朴实者招募来省，练一人收一人之益，练一月有一月之效。自军兴以来二年有余，时日不为不久，糜饷不为不多，调集大兵不为不众。而往往见贼逃溃，未闻有与之鏖战一场者；往往从后尾追，未闻有与之拦头一战者；其所用兵器，皆以大炮、鸟枪远远轰击，未闻有短兵相接以枪靶与之交锋者。其何故哉？皆由所用之兵未经练习，无胆无艺，故所向退怯也。今欲改弦更张，总宜以练兵为务。臣拟现在训练章程，

宜参访前明戚继光、近人传霈成法。但求其精，不求其多；但
求有济，不求速效。

至于绿营和八旗兵应该如何，曾国藩半句未提，可见失望已
极。为什么曾国藩会如此失望呢？从下面这件事可见一斑。

钦差大臣向荣负责防剿江浙太平军，每日犒赏绿营，劝兵
出战。

开战在即，向荣下令："明日出五成人。"士兵们却鼓噪说：
"天热谁肯打仗，若出二成人便去！"部将无奈，将实情禀报向
荣。向荣道："至少也要三成！"部将暗自忖量："三成恐怕差
不多，也许肯去。"出告于兵，兵则怒曰："二成便去，否则不
去！"部将劝之终不得。

夜晚，向荣点派出战人员，部下纷纷推脱，或称肘有疡，或称
足生疮，或称已三日没吃饭，皆不肯接取权杖。次日迎敌者不过一
成人马。

出战士兵袒胸裸腹，以布围腰，辫线粗一握盘顶，东先西后，
不成仁列。大家抵达城下后，即各自释弃刀杖，席地而坐，或与敌
方通火吸烟深谈，或认亲叙两军光景。至倦且饿时，则曰："该
吃早饭了！"于是大呼狂笑喊杀，鸟枪不纳弹，犹向天放，又咳
声作势曰："开炮！"则闻"砰匐"声，群呼曰："杀贼不计其
数……"此时大营奏捷已缮写完毕，文曰："杀贼不计其数。"

碰巧，向荣手下的一个亲兵有事要到大营，途中遇见数名清军
向太平军营垒徒手逍遥而去，便问他们干什么去。几个人回答：
"到那边吃饭去。"亲兵莫名惊诧，到大营后将此事报告主将。主

将的答复更令人啼笑皆非："随他吃去，这边正缺饷……"

这种军队如何能战？

回到练勇的话题。关于如何练勇，曾国藩说了很多，其实总结起来就一句话：经制之师已经不可用，要想镇压太平天国，必须改弦更张，重打鼓另开张。此话在咸丰皇帝听来非常刺耳，但实际情形又确实如此。

这就是曾国藩与别人的不同之处：敢说实话，不刻意讨好上级。就因为这样，咸丰皇帝一登基，就对先皇大力提拔的这位臣子横竖看不上眼。若非曾国藩丁忧回籍，他究竟在京里还能混多久，实在是不好预测。

曾国藩举办团练的名言是：重在团，不重在练。他认为，"团"实际就是保甲之法："团练与保甲名虽不同，实则一事。团则齐心合力，以一族之父兄治一族之子弟，以一方之良民办一方之匪徒。""练"则是保甲军事功能的进一步发挥："制器械，造旗帜，请教师，拣丁壮……又或厚筑碉堡，聚立山寨。"但是这样的话，"非多敛钱文不可，方今百姓穷困，无生可谋"，所以，各乡只宜行保甲之法，团而不练。最多在城乡"操练一二百人，以资剿办土匪之用"。在现有团练的基础上，曾国藩提出其办团的重要思想"赤地立军，别开生面"，即抽练一支不同于绿营军的新军——勇营。

他在这个时期有一句最著名的话："带兵之人，第一要才堪治民，第二要不怕死。"后来，他又根据实际需要，在湖南衡州着手训练了一支水上劲旅——湘勇水师。最后把太平天国逼上绝路的，就是这支水上部队。

练勇，说起来容易，当真办起来却又千难万难。

众所周知，曾国藩虽当过兵部侍郎，但他并没有带过兵。咸丰皇帝命他办理湖南团防，他怎么敢答应呢？这时，同样在家丁忧的翰林院庶吉士郭嵩焘来看望他，其实是劝他出山。两个人谈了半夜，曾国藩总算想明白了。第二天送走郭嵩焘之后，曾国藩便开始给自己补"练勇"这一课。练勇这件事，江忠源说得好，做得也好，但那是江忠源，不是他曾国藩。曾国藩要做到自己心中有数。

在练勇上最有成效的是明朝的戚继光，江忠源就是按照戚继光的办法练的勇。在以后的几天里，曾国藩把自己关在书房里，开始详细阅读戚继光所著的《纪效新书》和《练兵实纪》这两本书。他要用戚继光的"束伍成法"，为大清国训练出一支既不同于国家经制之师又有别于目前团练的新式军队。

曾国藩知道，戚继光所训练的义乌兵完全废弃了明军原来的卫所编制和旧的作战规则，新创立了以鸳鸯阵为基础的编制和作战方法。鸳鸯阵的编制相当于现代一个步兵班，这是古代军事史上划时代的一个创举。此阵法按照兵器协同的要求组成，根据需要还可临时变化，使得军队基层单位的战斗力大大提高。戚继光据此写出了《纪效新书》一书。

在抗倭战争取得胜利后，京城之北边患又起。戚继光再次被朝廷委以重任，授都督同知，总理蓟州、昌平、辽东、保定四镇练兵，用权与总督相同。戚继光上任之后就对边守军政进行了仔细的调查分析，决心整顿军队，重新训练出一支有战斗力的新军。戚继光据此又写出了《练兵实纪》。

尽管戚继光所著的这两本兵书都被编入了《四库全书》和《古今图书集成》，但在当时并不被人看好。而曾国藩却认为这是两部非常有见地的兵事大作。他居京署理兵部侍郎期间，常读的就是这两本书。

那么，戚继光所著的这两本兵书，到底在哪里有异于其他兵书呢？

用戚继光自己的话说，在南则《纪效新书》，在北则《练兵实纪》。这两本书都是以军事训练为主，练兵原则基本相同。不同之处是：第一，《纪效新书》根据的是东南沿海的敌情、我情而写，总结的是训练义乌兵和对倭寇作战的经验，《练兵实纪》则是根据蓟北长城边守的敌情、我情而写，总结的是大兵团练兵、车骑步三军协同作战及训练的经验；第二，前者突出的是以鸳鸯阵为核心，长短兵器单兵协调作战的训练，后者突出的则是车步骑诸兵种协同作战的训练；第三，前者重在练兵，后者重在练将。

曾国藩通过对这两本书的精读细品，领略到了练兵组团的要义。曾国藩选出湘乡训练团的三个营，共一千五百人，进行统一训练。后来随着团练规模的不断扩大，曾国藩拉起了一支五千人的陆战队伍。

第四节　长沙兵变，险死还生

◎ **罗泽南（1807—1856）**

　　湖南双峰人，字仲岳，号罗山，秀才出身。曾国藩好友。湘军元老之一，战死沙场。

◎ **王鑫（1825—1857）**

　　湖南湘乡人，字璞山，罗泽南之门生。咸丰七年（1857年）带兵赴江西打仗，病死营中。谥壮武。

　　曾国藩来到长沙之后，先将罗泽南、王鑫在湘乡训练的团练三营一千五百人调到长沙，统一训练，渐次扩充。

　　曾国藩练勇的初衷是严办当地土匪、搞好全省的治安，这个思想在他上奏给朝廷的《严办土匪以靖地方折》中充分地体现了出来。在这篇奏折中，曾国藩对团练的设想是：

　　不并村落，不立碉堡；居虽星散，闻声相救；不制旗帜，不募勇士；农夫牧竖，皆为健卒；耕锄竹木，皆为兵器。此不必多费钱文，民所乐从者也。

　　但这个美好想法与现实是相悖的，无奈之下，曾国藩这才决定按照正规部队的训练方法来训练团练，命令驻省的正规军队每逢三八，与湘军一起会操。但是随着团练渐出成效，与正规部队的冲突却越来越大，发展到最后，竟然连一省巡抚骆秉章都对曾国藩有了意见。因为骆秉章看出来了，曾国藩这么做是要另起炉灶，是要在绿营之外拉起一支新的队伍。而这支队伍，骆秉章说了不算，只归曾国藩一人调遣。

大清的政治惯例是文官不管军队的日常事务。即便是巡抚这样的实权大官，也不会过问军队具体的日常操练。所以，文官们虽然痛恨曾国藩，但也只能形于辞色。但性情粗野的军人们就没有这么好脾气了，绿营上至提督鲍起豹、副将清德，下到普通士兵，都对曾国藩深深不满，而且他们立刻付诸行动了。

带头闹事的是长沙副将清德。他在太平军进攻湖南时曾临阵脱逃，此时面对曾国藩却很勇敢。他不仅带头抵制会操，"操演之期，该将从不一至"，而且摇唇鼓舌，四处鼓动各军不要受曾国藩的摆弄。

行事至刚的曾国藩立刻给皇帝上了个折子，弹劾清德，并猛烈抨击湖南驻军"将士畏葸，疲玩已成痼习，劝之不听，威之不惧，竟无可以激励之术"。尚方宝剑很快显示了威力。咸丰皇帝立刻将清德革职拿办。这是曾国藩出山之后，与湖南官场发生的第一次正式冲突。

表面上看，曾国藩在这次冲突中取得大胜，实际上失败的隐患已根植在这场"大胜"之中。

晚清官场最重要的潜规则就是官官相护。常在河边走，谁能不湿鞋？只有彼此掩盖，才能最大程度地保证大家的集体安全。因此，曾国藩弹劾清德的行为让湖南官员对他更加恨之入骨。清德的上司、湖南提督，也就是驻湖南最高军事长官鲍起豹更想伺机报复，而机会很快就来了。

绿营军看着曾国藩招来的湘勇土包子是怎么看怎么不顺眼，经常借故与湘勇发生械斗。八月初四，绿营军永顺协又寻衅攻打湘勇辰字营，他们用手里的枪托、刀背，对着辰字营官兵一顿疯狂砍杀。

辰字营突然之间遭此打击，马上便全营反击。别看绿营军平时作威作福很是吓人，真正交起手来，并无多少战斗力。先是永顺协管带的鼻子被打出了血，不久又有二十几名士兵和一名守备衔哨长被辰字营打得爬不起来。

这次械斗，双方各有负伤。

军队没有纪律，何以平贼，何以安民？曾国藩向鲍起豹发去文书，要求他逮捕带头闹事的绿营兵，以杜私斗之风。

鲍起豹决意要借这个机会好好教训教训曾国藩。他故意将几名肇事士兵五花大绑起来，大张旗鼓地押送到曾国藩的公馆，同时派人散布曾国藩要严惩这几个绿营兵的消息，鼓动军人闹事。绿营一传十、十传百，群情激愤，纷纷上街游行示威，要求曾国藩释放绿营兵。长沙城中一时大乱。

因为练勇之事，湖南通省官员都和曾国藩气味不投。出了这种事，满城官员都关起大门，袖手旁观，心中暗喜，等着看曾国藩的笑话。绿营兵见状，胆子更大，居然开始公然围攻曾国藩的公馆。

曾国藩的临时公馆就设在巡抚衙门的发审局，与巡抚骆秉章的办公之地仅一墙之隔。他当时正在发审局的签押房里，伏在案头，给远在武昌总督衙门里的左宗棠写信。因为是月底，衙门里的大多数差官都被曾国藩派出去运粮，只有一名老差官和两位文案在当值。发审局的辕门外，只有亲兵营管带李臣典带着五十名亲兵站哨。

绿营的官兵很快就到了，吵闹声传进签押房，曾国藩向窗外一看，绿营的人已经舞枪弄刀地冲进院子了。曾国藩以为，即便绿营兵的胆子再大，也绝不敢武装攻击他这个二品大员。所以绿营兵包围签押房之后，他还若无其事地继续写信。

不料，绿营兵竟然破门而入。那名老差官怕伤着曾国藩，便让曾国藩从后门逃走，他迎上前去。老差官很快便被这些人打倒了，绿营的人开始到处找曾国藩，显然是不怀好意。

曾国藩躲在屋后围墙外的一个垃圾堆里，才算逃过一劫。

绿营兵没有在公馆内找到曾国藩，便以为他肯定是和参将塔齐布在一起。因为这几天塔齐布生病了，曾国藩肯定是去看他了。他们就又扑向参将署。

令绿营兵没想到的是，塔齐布此时并没在参将署。他们便一不做二不休，转眼就把参将署砸了个稀巴烂。

塔齐布正在马棚里，听到喊声，感觉情况有异，就躲进后院一块儿菜地里。见绿营兵又砸又抢，他知道肯定是绿营的人哗变了。

菜地毕竟不大，绿营兵很快就找到了塔齐布。一名士兵早就对塔齐布心怀不满，对着塔齐布就举起枪来。要不是塔齐布躲得快，肯定要遭毒手。

绿营在门外闹事，巡抚骆秉章听得一清二楚，却装聋作哑，暗暗发笑。他早应该出来调停，却一直假作不知。直到曾国藩来找他，他才故作惊讶，出来调停。绿营兵一见巡抚驾到，马上规矩起来。

骆秉章的处理办法是，命人把鲍起豹捆送来的那几个绿营兵带过来，他亲自上前松绑，还连连向他们道歉，说"让兄弟们受委屈了"。绿营兵挣足了面子，兴高采烈地拥着这几人扬长而去。

现场只剩下骆曾二人了。骆秉章连一句安慰的话也没对曾国藩说，只淡淡地说了一句："将来打仗，还要靠他们啊！"就转身走了。曾国藩气得哑口无言。

湖南官员们眼见前一段日子飞扬跋扈的二品大员这次被狠狠地修理了一番，个个眉开眼笑，把这件事当成笑话，四处飞传。一时间，满城都是对曾国藩的讥笑之声。

这可以说是曾国藩出生以来，第一次遭遇真正的挫折。堂堂的二品官员差点让闹事的兵痞杀了，还没处讲理！这种难堪在整个大清朝的历史上都不多见。可以想象，曾国藩此时是如何心血上冲，夜不能寐。

经过几夜不眠的反思，曾国藩做出了一个出人意料的决定：好汉打脱牙和血吞。他不再和长沙官场纠缠争辩，而是卷起铺盖，带着自己募来的湘军，开到远离长沙的衡州去训练。

从上面这个故事可以看出，为了给国家练出一支劲旅，曾国藩在练勇期间可谓阻碍重重、九死一生，非常不容易。

第五节　没有规矩，不成方圆

从某种程度上来说，曾国藩成就事业的基础在于拥有自己的私属武装——湘军。那么，他是如何管理湘军的呢？

湘军以营为单位，一营编制计五百人，首领为营官。

营官亲兵分为六队，每队设什长一名、亲兵十名、伙勇二名。六队分别是：一队劈山炮，二队刀矛，三队劈山炮，四队刀矛，五队小枪，六队刀矛。除亲兵队外，营下分立前、后、左、右四哨。哨的首领为哨官，有护勇五名、伙勇一名。每哨下设八队，每队设什长一名、伙房一名。八队分别是：一队抬枪，二队刀矛，三队小枪，四队刀矛，五队抬枪，六队刀矛，七队小枪，八队刀矛。其中，抬枪队设正勇十二名，加上什长、伙房，共计十四名。刀矛队、小枪队设正勇十名，加上什长、伙房，共计十二名。

除兵士外，湘军还设有长夫之职。规定如下：营官及帮办人等共用长夫四十八名；搬运子药、火绳及一切军装等项共用长夫三十名；亲兵卫队中，每劈山炮队用长夫三名，每刀矛、小枪队用长夫二名，计六队共长夫十四名（拔营远行时，营官另拨长夫，帮抬劈山炮）；哨官拥有长夫四名，四哨共计十六名；每抬枪队用长夫三名，每刀矛、小枪队用长夫二名，计四哨抬枪八队共长夫二十四名，刀矛、小枪二十四队共长夫四十八名。

随着湘军日益壮大，许多贫苦农民看见参军有利可图，纷纷愿意加入。曾国藩唯恐长夫数量过于膨胀而生腐败弊端，便增加规定：长夫人数只能减少，不许增多。凡带百人者，用长夫不得超过三十六名；凡带千人者，用长夫不得超过三百六十名。

军用物资方面，曾国藩亲定"帐棚之制"。规定如下：营官、帮办、书记、军火等，共用夹帐棚八架、单帐棚二架；哨官、哨长、护勇，共用夹帐棚一架、单帐棚二架，四哨相同；亲兵每队夹帐棚一架、单帐棚一架，六队相同；正勇每队单帐棚二架，三十二队相同。

饷金军费开支是八旗、绿营腐败的主要来源。曾国藩规范了湘军将士的薪金，具体如下：营官每月薪水银五十两；哨官每名日给银三钱；哨长每名日给银二钱；什长每名日给银一钱六分；亲兵、护勇每名日给银一钱五分；正勇每名日给银一钱四分；伙勇每名日给银一钱一分；长夫每名日给银一钱。营官每月办公经费银一百五十两，凡帮办及管账目军装书记、医生、工匠、薪粮，并置办旗帜号褂等费均包括在内，听营官酌用。这样，湘军每营大月支银二千八百九十二两二钱，小月支银二千八百零二两四钱六分。

对于新募勇、夫，曾国藩区别对待，实行"小口粮制度"。规定如下：每名每日给小口粮钱一百文；练习成军后带至大营，上宪派员点名后再行起支大口粮。为保障湘军将士战斗的积极性，曾国藩亦制定恤赏制度：凡阵亡者，恤银三十两；受伤，头等者赏银十五两，二等赏银十两，三等赏银五两，致残者另加。

曾国藩深知军饷开支对军队建设的重要性，反复强调"军中浪费，最忌官员太多，夫价太多"。自湘军创立之初，曾国藩便"立定限制"，规定：嗣后无论官多官少，官大官小，凡带千人者，每月支银不准超过五千八百两；凡统万人者，每月支银不准超过五万八千两。

曾国藩随后又制定颁行了《马队营制》，规定如下：

> 一营十哨，每哨官给马一匹；一哨马勇二十四名，每名给马一匹；营官亲兵八名，每名给马一匹。

> 营官月给薪水银四十两，公费银四十两，马四匹，马夫二

名，火夫一名，长夫八名；帮办一员，月给银十六两，马一匹，长夫一名；字识一名，月给银五两。

哨官十员，每员月给银九两六钱，杂费银一两二钱，马夫一名，棚夫一名。

先锋官五员，每员给马一匹，月给口粮银五两四钱，杂费银六钱，五人共为一棚，马夫二名，火夫一名，棚夫一名。

亲兵八名，每名给马一匹，日给银一钱四分，杂费银月给六钱。以四名为一棚，每棚马夫二名，火夫一名，棚夫一名。

步队亲兵什长一名，日给银一钱六分。步队亲兵十名，日给银一钱五分。共为一棚，火夫一名。此专备营官差遣及出队时留守营盘之用，毋许再向各哨派人当差。

马勇日给银一钱四分，杂费银月给六钱。每四名为一棚，马夫二名，火夫一名，棚夫一名。

搬运军械、草料，公长夫四十名。长夫每名日给银一钱，火夫每名日给银一钱一分。

营官领蓝夹棚二架、白单棚一架；帮办领蓝夹棚一架、白单棚一架；马队亲兵领白单棚二架、马圈棚子二个；步队亲兵领白单棚二架；每哨领蓝夹棚一架、白单棚六架、马圈棚子七个。

每营月给烛一百五十斤、油二百斤。

每营百马之内，每年准报倒毙三十六匹。如数换领，以资弥补。另于哨弁兵勇杂费银内，每月扣出三钱，作为添补马匹公项，名曰"朋马银"。营官总理其事，月派哨官一员，轮流经管。遇有马匹额外倒毙，及病瘦不堪驰使者，即行抽拨此项，随时采买添补。

每马月给麸料草豆银二两。每年三、四、五等月，青草正茂，可以放食，每马减银五钱，只给一两五钱。

马医、铁匠、号褂、旗帜、大小扫把、铁刮、竹槽，出自营官公项；修补鞍上坐褥、布屉、后、辔头，哨官、兵勇自办；笼头、偏，哨官、兵勇自办；马药钱，营官出自公费，哨弁、兵勇出自杂费；更换鞍桥、油皮鞯、肚带及拴肚带宽皮条、拴蹬窄皮条、皮扎、铁嚼全副、马枪、弓箭、腰刀、扎草刀、草料口袋，由军械所办给。

凡扎营之处，先择斜坡掘地二弓，以为马圈，可拴四马兵勇之棚，即与马圈棚子相对。哨官之棚，亦与哨官马圈相对。凡支马圈之时，兵勇四名，与马夫二名，亲自锄挖。如马圈办理不妥，将该哨官分别严惩。

最令曾国藩担心的，莫过于绿营兵将的游惰积习，因此他在挑选湘军官兵时格外苛刻。他指出，湘军士兵与国家军队不同，当兵并不是吃饭谋生的手段，而是为了保家卫国。湘军士兵的理想条件是那些"技艺娴熟、年轻力壮、朴实而有农夫土气"的农民，而对于"油头滑面，有市井气者，有衙门气者"，则概不录用。士兵应召入伍后，为防止士兵违纪逃亡，曾国藩将其一一登录在案，造具府县、里居、父母、兄弟、妻子名姓等项清册。

曾国藩吸取了绿营军"将不知兵、兵不听命"的经验教训，立志要把湘军打造成一支"兵为将有"的私属性军队。具体言之，曾国藩身为湘军统帅，所有营官由其直接任命与撤换，营官只对他个人负责。营官自行委派指定哨官，后者仅对前者负责。哨官则自主招募兵勇。

营、哨各级军官可以说是湘军的灵魂。曾国藩深知湘军成败系于军官之手，因此对其选拔分外留意。他认为，带勇之人须具备四个条件：第一要才勘治民，第二要不怕死，第三要不计名利，第四要耐受辛苦。

曾国藩日后在两江总督任上颁布的《劝诫营官四条》，可谓其创办湘军经验的总结。

一曰禁骚扰以安民。所恶乎贼匪者，以其淫掳焚杀，扰民害民也。所贵乎官兵者，以其救民安民也。若官兵扰害百姓，则与贼匪无殊矣。故带兵之道，以禁止骚扰为第一义。百姓最怕者，惟强掳民夫、强占民房二事。掳夫则行者辛苦，居者愁思；占房则器物毁坏，家口流离。为营官者，先禁此二事，更于淫抢压买等事一一禁止，则造福无穷矣。

二曰戒烟赌以儆惰。战守乃极劳苦之事，全仗身体强壮，精神完足，方能敬慎不败。洋烟、赌博二者，既费银钱，又耗精神，不能起早，不能守夜，断无不误军事之理。军事最喜朝气，最忌暮气，惰则皆暮气也。洋烟瘾发之人，涕泪交流，遍身瘫软；赌博劳夜之人，神魂颠倒，竟日痴迷，全是一种暮气。久骄而不败者，容或有之，久惰则立见败亡矣。故欲保军士常新之气，必自戒烟赌始。

三曰勤训练以御寇。训有二端：一曰训营规，二曰训家规。练有二端：一曰练技艺，二曰练阵法。点名、演操、巡更、放哨，此将领教兵勇之营规也；禁嫖赌、戒游惰、慎语言、敬尊长，此父兄教子弟之家规也。为营官者，待兵勇如子弟，使人人学好，个个成名，则众勇感之矣。练技艺者，刀矛能保身，能刺人，枪炮能命中，能及远。练阵法者，进则同进，站则同站，登山不乱，越水不杂，总不外一熟字。技艺极熟，则一人可敌数十人；阵法极熟，则千万人可使如一人。

四曰尚廉俭以服众。兵勇心目之中，专从银钱上着意。如营官于银钱不苟，则兵勇畏而且服；若银钱苟且，则兵勇心中不服，口中讥议，不特扣减口粮缺额截旷而后议之也。即营官好多用亲戚本家，好应酬上司朋友，用营中之公钱，谋一身之私事，也算是虚糜饷银，也难免兵勇讥议。欲服军心，必先尚廉介；欲求廉介，必先崇俭朴。不妄花一钱，则一身廉；不私用一人，则一营廉；不独兵勇畏服，亦且鬼神钦伏矣。

第六节　白手起家，筹建水师

组建湘军，曾国藩是受了江忠源的影响；组建水师，他则是听从了江忠源和郭嵩焘的建议。江忠源是第一个向曾国藩乃至朝廷建议建立水师的人，他指出要想打败太平天国，必须控制住长江江面，而要想控制万里长江，就必须尽快建立一支敢打硬仗的水上部队，也就是水师。

曾国藩认为江忠源说得对，便建议江忠源把想法说给皇上听，取得朝廷的同意，事情就好办多了。江忠源一想也对，就给朝廷拜了个《请制造战船肃清江面疏》，把自己的想法一股脑儿说了出来，奏请四川、湖南、湖北三省建造战船，抓紧训练水师，让广东筹款造炮。只要有了战船，太平军独霸长江的局面就可以被打破。

这是曾国藩替朝廷筹划东南局势的开始。后来的战局，也是按照曾国藩说的这个方向发展的。

江忠源的疏陈递进京城后，咸丰皇帝欣然接受，于是下旨命令四川、湖北、湖南、广东四省，抓紧赶办战船。其实哪来得及呀。

咸丰三年（1853 年）三月，太平天国定都天京后，开始发动北伐西征。面对来势凶猛的太平军，清廷严命曾国藩率湘军赴援以阻遏太平军的攻势。

曾国藩收到朝廷命他带勇出省去救援湖北的圣旨后，考虑到初练成军的湘勇缺枪短炮，而且在洞庭湖两侧无一舟可为战舰，无一卒习于水师。曾国藩思虑再三，随即上了一篇《暂缓赴鄂并请筹备战船折》，请求筹办战船。曾国藩在折中这样写道：

> 臣前奉派兵救援湖北之旨，即经丞商抚臣，派令候补知府张丞实、候选^①同知王鑫管带湘勇三千，前赴湖北，尚未起行。又奉两次谕旨，令臣亲带练勇前往。臣理应遵旨即日起程。惟连日接准抚臣来函，及各处探报，均称贼船于十月初五以后，陆续开赴下游，近已全数下窜，汉阳府县业经收复，江面肃

---

① 候选：清制。京官郎中以下，外官道员以下，凡初由考试或捐纳出身，以及原官因故开缺依例起复，均须赴吏部报到，听候依法选用，称为候选。

清，武昌解严等语。据此，则援鄂之师，自可稍缓。因思该匪以舟楫为巢穴，以掳掠为生涯，千舸百艘，游弈往来，长江千里，任其横行，我兵无敢过而问者。前在江西，近在湖北，凡傍水区域，城池莫不残毁，口岸莫不蹂躏，大小船只莫不掳掠，皆由舟师未备，无可如何。兵勇但保省城，亦不暇兼顾水次，该匪饱掠而去，总未大受惩创。

今若为专保省会之计，不过数千兵勇，即可坚守无虞。若为保卫全楚之计，必须多备炮船，乃能堵剿兼施。夏间奉到寄谕，饬令两湖督抚筹备舟师，经署督臣张亮基造船运炮，设法兴办，尚未完备。忽于九月十三日田家镇失守，一切战船炮位，尽为贼有，水勇溃散，收合为难。现在两湖地方，无一舟可为战舰，无一卒习于水师。今若带勇但赴鄂省，则鄂省已无贼矣；若驰赴下游，则贼以水去，我以陆追，曾不能与之相遇，又何能痛加攻剿哉？再四思维，总以办船为第一先务。

咸丰皇帝本来已经急得火上房了，可读了曾国藩寄来的折子，又觉着说得合情合理。于是提笔写道："所虑甚是，汝能斟酌缓急，甚属可嘉。"

咸丰皇帝如此批示，实属无奈之举。

筹办战船这件事，说话容易，办起来却难。大清国毕竟是马上得来的江山，不要说少有带兵经验的曾国藩，就是战功赫赫的朝廷老臣，也不懂水上交战之法，更不用说造战船了。

曾国藩东打听西打听，一听说谁会造船，就马上打发人去请。

几天光景，湖南衡州就聚集了几十名造船师傅。但是，这些人只会造民船，不会造战船，也没见过战船。为了解决这个问题，曾国藩就带他们去参观路过长沙的外国军舰，依葫芦画瓢。没有铁皮，就用木板代替；没有木材，就用竹子代替。凡事因陋就简，就是为了早一天造出战船，早一天练出水师。

还有一个问题最让曾国藩头痛，那就是朝廷不拨款，造船买材料、发饷都要靠自筹。为了保证湘军上下不断炊，曾国藩组织了一个庞大的筹饷劝捐队伍。像回家丁父忧的翰林院庶吉士郭嵩焘、声名远播的左宗棠、交友甚广的刘蓉等，都为湘军筹过饷。

◎ **刘蓉**（1816—1873）

湖南湘乡人，字孟蓉或孟容，号霞仙，秀才出身。曾国藩好友。后来官至陕西巡抚。

历经近两年的造船、训练水勇，曾国藩于咸丰四年（1854年）二月，终于造出指挥舰拖罟一艘、快蟹四十艘、长龙五十艘、三板艇一百五十艘，全部都是按照广东战舰的形式仿造的。除此之外，曾国藩又购买了一些民船进行改造。战船上面所配之炮，从广西借用了一百五十门，从湖南抚标和提标淘汰的土炮里挑选了一百多门。陆勇一共招募了十营五千人，水师也招募了五千人。

曾国藩能够在衡州取得如此成绩，不仅让巡抚骆秉章、提督鲍起豹感到吃惊，就连远在北京"遥控"的咸丰皇帝也觉得不可思议。吃惊也好，不可思议也好，别人没有办成的事，曾国藩办成了。

曾国藩就是靠着这一万余人马，从咸丰四年（1854年）二月开始，直到同治三年（1864年）六月，整整拼杀了十余年，历经大小几百场战役，终将洪秀全和他的太平天国镇压了。

第七节　裁撤湘军，筹建海军

在曾国藩的不懈努力下，水、陆湘勇渐渐取代绿营和旗营，成了镇压太平军的主要力量。终于在同治三年六月十六日（1864 年 7 月 19 日），将被太平军占据达十二年之久的江宁（今南京）收复。曾国藩因功被封为一等侯爵，李鸿章、左宗棠、曾国荃被封为一等伯爵。

随着战火将息，大清国全面进入恢复生产、繁荣百业的中兴时期。为了减轻百姓负担，让这个好不容易才到来的中兴时期持久延续下去，曾国藩没等朝廷发话，便开始料理裁军的事。

曾国藩曾在咸丰元年（1851 年）向朝廷上过《议汰兵疏》，提出"汰兵五万"的建议，但因为太平天国的爆发，这个建议未被朝廷采纳。现在，他决定从自己身上下手——裁汰湘军。

裁军这件事，说起来容易做起来难。最大的阻力还是来自湘军内部。他的弟弟曾国荃就第一个不同意，湘军的许多高级将领也都不同意，认为朝廷是在"卸磨杀驴"。但曾国藩不为所动，坚持裁军。

他在给朝廷的折子中这样写道：

惟念近岁以来，但见增勇，不见裁撤，无论食何省之饷，所吸者皆斯民之脂膏，所损者皆国家之元气。前次贼氛方盛，

万不得已，屡募屡增，以救一时之急。今幸老巢既破，大局粗
定，裁一勇即节一勇之糜费，亦即销无穷之后患。诸将之愿遣
散归籍，盖未始非臣之幸，未始非大局之幸。因与臣弟国荃商
定，将金陵全军五万人，裁撤一半，酌留二万数千人，分居金
陵、芜湖、金柱关各要隘，其余作为游击之师，进剿广德等
处。而曾国荃克城之后，困惫殊甚，彻夜不寐，有似症忡。据
称心血过亏，万难再当大任，恐致偾事。意欲奏请回籍，一面
调理病躯，一面亲率遣散之勇，部勒南归，求所谓善聚不如善
散，善始不如善终之道。

尽管压力大如天，但曾国藩为了国家的长治久安，还是咬牙坚
持着把裁军之事办了下去。否则，大清国不要说迎不来中兴时代，
这几万人吃饭穿衣发饷的问题就是百姓的一大笔负担。再加上这些
湘勇都立有大小军功，地方官根本不敢惹，就连保持正常的安定局
面都是件不容易的事。

曾国藩此次裁军并没有采用一刀切的方针。对自己费尽千辛万
苦建起来的湘军水师，不仅没有裁撤，反倒准备逐步扩充。这是为
什么呢？这与他"兵不在多，而贵在精"的治军思想，是否有冲
突呢？

同治四年十二月二十八日（1865 年 1 月 25 日），在裁撤湘
军陆军即将结束的时候，水师的裁撤自然而然地进入了人们的视
野。曾国藩就在这一天向朝廷拜发了一道《会议长江水师营制事宜
折》，毫不隐瞒地奏请朝廷，对于这支好不容易才组建起来的水上

部队，不能裁撤，可以改成经制之师，变成归朝廷直接调遣的南洋水师。这还不算，曾国藩还准备再招募一些兵勇，购买一些比较先进的舰船，进一步加强和扩大这支水上部队。

曾国藩为了能留住这支水上部队，他在折中这样写道：

> 窃臣曾国藩同治元年二月覆奏安徽省城仍建安庆案内，请设长江水师提督及总兵以下各官。奉旨交军机大臣会同该部议奏，旋经吏部等于五月二十三日定议具奏，准其设立长江水师，而与总兵、副、参以至千、把，应设几缺，暨分汛修舰各事宜，令臣体察情形，再行详核议奏。

曾国藩接着谈了水师的饷章等具体问题，然后又说道：

> 国家养兵之费，岁逾二千万。当此多事之秋，乃未闻绿营立一奇功，出一良将。今各省勇丁合计约在三千万以外，而昔年经制之兵，仍未能议裁议减。守战各兵，在营之坐粮虽少，而出征外省，加以盐折夫价余丁筹款，每兵一名月支亦在五两上下。平日有粮少之名，临事无省费之实。百年受养兵之累，应急无破寇之效。统筹全局，殊非长策。臣愚以为军务全竣后，仍当综核名实，裁减陆兵，其必不可裁者，即当增加口粮。此又因今日设立水营，而即为异日露营之地者也。

在折子的后面，曾国藩特意附上了自己修改多次、比较完整且切实可行的南洋水师组建方案。朝廷经过反复讨论，认为曾国藩的奏请是百年大计，甚合当前机宜，同治皇帝很快便下旨照准。

第八节　"剿捻"失败

有了以上这些，曾国藩战胜了太平天国。但他在随后镇压捻军的战斗中，却遭遇大败，导致他威风扫地，抱恨残年。真正论起来，捻党的起源远远早于太平天国。康熙年间（1662—1722 年），就已经开始活动，不过不叫捻党，而是一种游民组织，从山东一直蔓延到淮、徐地区。他们打劫富豪，并无明确的政治目标，并未引起统治者的注意。"捻"为淮北方言，意即一股、一伙。捻军最早不成军，官方或民间都称其为"捻子"。太平天国兴起后，大清国动用了大量的军事武装来进行镇压，捻子得以迅猛发展壮大起来。太平天国失败后，捻子已经发展成军了。他们以马队为主，长期活跃在长江以北皖北、苏、鲁、豫三省部分地区，飘忽不定，流动作战。为了尽快消灭捻军，清廷征调僧格林沁率领他的蒙古铁骑，与之作战。在清廷看来，靠僧格林沁这一支部队，加上蒙古铁骑的作战能力，消灭捻军，简直是易如反掌。但僧格林沁却遭遇大败，他本人也被捻军杀死。原本对捻军的势力比较轻视的清廷，一看僧格林沁全军覆灭，这才对捻军重视起来。曾国藩就是在这种情况下，被一纸圣谕调到"剿捻"前线，授为钦差大臣，接替僧格林沁，挑起"剿捻"大任。

但此时的曾国藩已非彼时的曾国藩。彼时的曾国藩，拥有一支敢打硬仗、调动自如的湘军，而此时的曾国藩，刚刚办理完裁军的事，此次出山"剿捻"，只能依靠能够调动但未必自如的李鸿章的淮军。但圣命难违，他又不得不按着朝廷的旨意去办。到"剿捻"前线后，曾国藩经过实地勘察和周密思索，针对捻军的作战特点，向朝廷提出了一整套"剿捻"方案。他先后提出以静制动，在临淮、济宁、周家口、徐州等重点地区驻兵设防；命令当地士绅和地方官府，修筑圩寨，实行坚壁清野，彻底清查；建立马队，追击捻军。同治五年（1866 年）夏季，他又向朝廷提出"东以运河，西以沙河、贾鲁河，南以淮河为防线，北自朱仙镇至汴梁和黄河南岸"，挖壕设防，对飘忽不定的捻军进行围困。各路人马按照他的部署和战略战术，开始对捻军实行围追堵截。眼看就要大功告成之时，汴梁南面的芦花冈堤墙，因防守出现漏洞，一夜之间被捻军冲破。曾国藩苦心经营的长墙计划，无奈地宣告失败。

朝廷不给曾国藩总结经验教训和申辩的机会，马上改派李鸿章出任钦差大臣，接替他来到"剿捻"前线。

李鸿章到了前沿，按着曾国藩设下的防御路线走了一遍，发现曾国藩的长墙计划，的确是克敌制胜的法宝，决定继续执行。

让人意想不到的是，仅仅两年的时间，打败蒙古铁骑、让曾国藩的长墙计划功亏一篑的东捻军，竟然败在李鸿章之手！这让久历兵戎的曾国藩，很无奈地发出感叹："凡办大事，半由人力，半由天。"

第四章

与时俱进办洋务

曾国藩顶着各种压力成立起来的安庆内军械所，没有聘请一个洋人参与，是中国依靠自己的力量建立起来的第一家近代军事工业企业，也是中国近代机械工业的发起，是中国近代第一家官办军用企业。它的成立，标志着中国近代工业的起步。

第一节　倡导洋务，用人不拘

太平天国运动失败后，农民起义已接近尾声，民族矛盾逐步上升为当时中国社会的主要矛盾。这时，虽然捻军在长江以北对清王朝构成新的威胁，但在曾国藩看来，外国列强仍是当时最主要的敌人。这个时期，曾国藩的核心政治思想是"以夷制夷，强我中华"。

曾国藩在倡导洋务运动方面，受一个人的影响颇深，这个人就是魏源。

魏源生于乾隆五十九年（1794 年），曾国藩生于嘉庆十六年（1811 年），魏源比曾国藩大十七岁，两人可以算是同时代的人。和曾国藩一样，魏源也是两榜出身，他在出任东台、兴化知县期间，依据林则徐所辑录的西方史地资料《四洲志》，参以历代史志和明代以来的《岛志》及当时的夷图夷语，编成了《海国图志》五十卷。后经一遍遍修订、增补，到咸丰二年（1852 年）已经扩充为百卷本。

《海国图志》囊括了世界地理、历史、政治、经济、宗教、历法、文化、物产等方面的知识。魏源在其中对强国御侮、匡正时弊、振兴国脉之路作了探索，提出了"以夷攻夷""以夷款夷"和"师夷长技以制夷"的观点，主张学习西方制造战舰、火械等先进技术和选兵、练兵、养兵之法，改革中国军队。为了捍卫中国的独立自主，他号召"以甲兵止甲兵"，相信中国人能战胜外国侵略者。他告诫人们，在"英吉利蚕食东南"之时，勿忘"鄂（俄）罗斯并吞西北之野心"。他提倡创办民用工业，允许私人设立厂局，自行制造与销售轮船、火器等，使国家富强。

《海国图志》成书后，魏源送了一套给已经回到家乡的曾国藩。曾国藩十分赞同魏源提出的"师夷长技以制夷"的观点，但因为与太平天国的战争还在进行，暂时腾不出手来做这些。

咸丰十一年（1861 年），时任两江总督的曾国藩统率麾下各路湘军，经过几日生死搏杀，终于把被太平军占据整整九年之久的安徽省城安庆收复。安庆既是安徽省城，也是天京的门户。收复安庆的战略意义重大，它让太平天国的首都天京（今南京）完全暴露在湘军的眼皮底下。

曾国藩到安庆后，为了安抚安徽全省士子，先将敬敷书院修葺一新，每月按期课试，校阅文艺。对于优等者，曾国藩还会拿出自己的养廉银子奖励他们。皖中人士，莫不感奋。

为了尽快恢复百业，曾国藩成立了善后局，札委候补司道人员办理，清查保甲，刊发《劝诫浅语》十六条，广为散发。

这还不算，曾国藩在安庆干的最大的一件事，是成立安庆内军械所，调在广东办理洋务的丁日昌负责此事，又发函江苏巡抚薛焕、浙江巡抚左宗棠、江西巡抚沈葆桢等，悉心访募军事制造业技术人员。

安庆内军械所成立之初，曾国藩便定下"全用汉人、不雇洋匠"的办厂宗旨，以手工制造为主，主要制造战争所需的子弹、火药、炸炮，还负责对损坏的枪械、大炮等武器进行修理。因为是国内第一家军工企业，开办之初可谓困难重重，要人没人，要物没物，连一张像样的图纸都没有。厂房定下来许久都开不了工。这时，许多亲朋好友开始在曾国藩耳边吹冷风，说丧气话，劝曾国藩及早罢手，就算办起来也是劳民伤财，得不偿失。曾国藩不为所动，每天都到大门紧闭的军械所院子里走几趟。

不久，江苏巡抚薛焕访求到常州父子徐寿、徐建寅二人，还有一个叫华蘅芳的，他们是这方面的行家。三人来到安庆后，与曾国藩交谈了一番，马上又把龚芸棠、张斯桂、李善兰、吴嘉廉等人请过来，共商大计。曾国藩对这些科学家恭敬有加，给的待遇也非常优厚，每月的薪水比自己的还高。很快，按照徐寿等人的要求，丁日昌又照着曾国藩定下的标准，招募了五十名工人。安庆内军械所终于开工了。

军械所不仅可以制造子弹、火药、炸炮，还开始手工仿制开花炮。到同治元年（1862年），安庆内军械所不仅能够批量生产普通枪械、子弹和开花炮，还制造出了我国第一台蒸汽机。同年底，试制成一艘小火轮，成为尔后"黄鹄号"

◎ 徐寿（1818—1884）

字雪邨，号生元，江苏无锡北乡人。1862年3月，经人推荐进入曾国藩创办的安庆内军械所。眼看当时外国轮船在中国的内河横冲直撞，十分愤慨，他们通力合作，花了三个月的时间，终于制成了我国第一台蒸汽机，这是中国近代工业的开端。蒸汽机试制成功后，他们又试制成了蒸汽船。1866年4月，在他与华蘅芳的共同主持下，金陵机器制造局制造出中国海军第一艘蒸汽动力船——"黄鹄号"。同治六年（1867年），受曾国藩派遣，携子徐建寅来到上海襄办江南机器制造总局。在其积极倡议下，同治七年正式成立翻译馆。与英国传教士伟烈亚力、傅兰雅等人合作翻译出版科技著作十三部，将西方近代化学知识系统地介绍进中国。

的雏形。次年年初，开始生产各种劈山炮，做工人员也增加到近二百名，已经颇具规模了。

曾国藩顶着各种压力成立起来的安庆内军械所，没有聘请一个洋人参与，是中国依靠自己的力量建立起来的第一家近代军事工业企业，也是中国近代机械工业的发起，是中国近代第一家官办军用企业。它的成立，标志着中国近代工业的起步。

可以这样说，没有安庆内军械所，就没有后来的金陵机器制造局和江南机器制造总局。就连福州船政局，也是左宗棠在看到安庆内军械所的成功经验后才成立起来的。

大清国洋务运动的序幕，其实是从安庆内军械所拉开的。

安庆内军械所的成绩固然显著，但无论是自造的开花炮、劈山炮，还是小火轮，都不如国外制造的优良，与曾国藩自强新政的希望差得很远。曾国藩心里很清楚，按军械所现在的运营进度，不要说强国强军，一旦外强侵入，连自保都难。

曾国藩十分焦急，便把在国外学过采矿专业的张斯桂请到自己的签押房，向张斯桂问计。

张斯桂很早便随一位族亲到南洋闯荡，后又到英国一家煤矿学习管理和开矿，回来后便到上海一家洋行做买办，与江苏巡抚兼南洋通商大臣薛焕经常打交道。曾国藩在安庆成立内军械所，薛焕知道张斯桂在国外历练过，便把他推荐给了曾国藩。

看见堂堂两江总督放低身段来向自己请教问题，张斯桂很感动，略一思忖，便说出"容闳"二字。张斯桂说："容闳自幼便去美国学习，在那个国家整整待了七年！对泰西各国的内在情形特别了解。大人要想把安庆内军械所发展壮大，非依靠这个人不可。"

曾国藩问张斯桂："你对这个人了解吗？和他熟悉吗？"张斯桂一拍胸脯："这人是我哥们儿！""他现在在哪儿？"曾国藩进一步问。"他在九江经营茶行。我在上海时，他也在上海为一家洋行做事，我们经常在一起喝茶谈天。后来他和洋人闹掰了，跑到九江自己做起了生意。"

曾国藩于是让张斯桂给容闳修书一封，请他过来一叙。张斯桂很快就给容闳去了一封书信，说两江总督曾大人想请他到安庆一叙，请他无论如何都要来一趟。

容闳收到张斯桂的信后"意殊惊诧"。这是为什么呢？因为容闳与张斯桂实际上只是泛泛之交，根本算不上朋友。如今突然收到这么一封信，换谁都会惊诧的。凑巧的是，容闳前几日刚去了一趟天京，与太平天国的干王洪仁玕有过一番

人 物 链 接

◎ 容闳（1828—1912）

字达萌，号纯甫，广东香山县南屏村（今珠海市南屏镇）人。中国近代史上首位留学美国的学生。中国近代早期改良主义者。中国留学生事业的先驱，被誉为"中国留学生之父"。少年时入美国教会主办的香港马礼逊学校读书。道光二十七年（1847年），随校长布朗赴美留学。咸丰四年（1854年），毕业于耶鲁大学，获文学学士学位。同治二年（1863年），受曾国藩邀请到安庆。后受曾国藩委派，为筹建江南机器制造总局赴美采购机器。同治九年，容闳又向曾国藩提议派学生官费赴美留学。曾国藩与李鸿章商议后奏报清廷获准，陈兰彬、容闳分任幼童出洋肄业局正、副委员。容闳在沪、粤、港共招生一百二十名，从同治十年至十三年，每年派出三十名幼童赴美留学。

交谈。后来，他又从太平军手里买过茶叶。这些事情可都是大清国所不允许的啊！所以此时突然听张斯桂说两江总督要见自己，容闳

的第一反应便是其中有诈，万万不可赴约。

　　曾国藩一直等不到容闳，不知是什么地方出了差错。在与李善兰的一次交谈之中，曾国藩无意中问了一句："有一个叫容纯甫的人，不知壬叔识否？"李善兰一听是容闳，马上就说："不仅我认识，张斯桂也认识他呀。"

　　于是曾国藩把让张斯桂写信请容闳过来的事说了一遍。李善兰想了想说："这里面可能有误会。容纯甫这人我虽然了解不多，但凭感觉，他不是那种心性狡诈的人，他是一个很虔诚的基督教徒。"

　　之后，曾国藩又让张斯桂给容闳写了一封邀请函，同时嘱咐李善兰也给容闳写一封信。曾国藩实在是求才心切啊。

　　因容闳与太平天国有生意往来，这让他对曾国藩的邀请心存疑虑。实际上曾国藩根本不在意容闳与太平军的关系，只是希望能通过容闳解决军械所遇到的技术困难。一方担心鸿门宴，一方求才心切，曾国藩的二次邀请是否会如他所愿，将容闳收归帐下呢？

　　关于这段，容闳在自己的《西学东渐记》里记录得十分详细。回忆起这段往事，容闳这样写道：

　　一八六三年，余营业于九江。某日，忽有自安徽省城致书于余者，署名张世贵。张宁波人，余于一八五七年于上海识之，当时为中国第一炮舰之统带。该舰属上海某会馆者，嗣升迁得入曾文正幕中。

　　余得此书，意殊惊诧。盖此人于我初无若何交谊，仅人海中泛泛相值耳。地则劳燕，风则马牛，相隔数年，忽通尺素，而书中所言，尤属可疑。彼自言承总督之命，邀余至安庆一行，总督闻余名，亟思一见，故特作此书云。当时总督为曾公国藩，私念此大人物者，初无所需于予，急欲一见胡为？予前赴南京，识太平军中渠帅。后在太平县，向革军购茶，岂彼已有所闻欤？忆一年前湘乡驻徽州，为太平军所败，谣言总督已阵亡。时予身近战地，彼遂疑予为奸细，欲置予于法，故以甘言相诱耶？虽张君为人或不至卖友，然何能无疑。

踌躇再三，拟姑复一函，婉辞谢却。余意暂不应召，俟探悉文正意旨，再决从违。故余书中，但云辱荷总督宠召，无任荣幸，深谢总督礼贤下士之盛意；独惜此时新茶甫上市，各处订货者多，以商业关系，一时骤难舍去，方命罪甚，他日总当晋谒，云云。

两月后，张君之第二函至，嘱予速往，并附李君善兰一书。李君亦予在沪时所识者。此君为中国算学大家，曾助伦敦传道会中教士惠来，翻译算学书甚多……

由此可见，容闳当时的疑虑是怕"欲置予于法"，所以不敢去。等李善兰的信一到，他马上就打消了顾虑，决定去见曾国藩。原因就是他相信李善兰的为人。但是由于当时确实事务繁忙，容闳只好复信让李善兰转告曾国藩，自己要等几日才能去安庆。没想到，很快就收到了李善兰的第三封信，上面说"曾督思贤若渴，急欲一见"。容闳于是动身来到安庆。

恐怕就连容闳自己都没有想到，他此次的安庆之行，不仅改变了自己的命运，也改变了国家的命运。

按照容闳的回忆，当时曾国藩大营中的高端人才有二百余人，他的幕府也是人才济济，超过一百人。接风宴过后不几日，曾国藩特意把容闳请到签押房，开门见山地问："若以为今日欲为中国谋最有益、最重要之事业，当从何处着手？"容闳便向曾国藩建议："应先立一母厂，再由母厂造出其他各种机器厂。"容闳特别强调："予所注意之机器厂，非专为制造枪炮者，乃能造成制枪炮之各种机械者也。枪炮之各部，配合至为复杂；而以今日之时势言之，枪炮之于中国，较他物尤为重要。"曾国藩听后没有明确表态。

但是就在一个星期以后，曾国藩便札委容闳赴美购办机器，随札发公文二道，命其持札分赴上海道衙门和广东藩库领购办机器款额八万八千两白银。容闳在安庆筹备期间，又接到圣谕一道："赏赐容闳五品军功，准其赏戴蓝翎。"原来，曾国藩决定让容闳购办机器的同时，为了办事方便，特别上了一个密保。

公元1865年9月20日，曾国藩和李鸿章用容闳从美国买回的机器，在上海成立了江南机器制造总局，由丁日昌总办一切，徐寿出任襄办，容闳则以候补同知入局办事。不久，李鸿章又按照曾国藩的大政方针，把安庆内军械所迁到金陵，成立了金陵机器制造局。

接下来，曾国藩又听从容闳的建议，在江南机器制造总局附设了一个兵工学校，从各地挑选有志于机器制造者入学，为江南机器制造总局和金陵机器制造局培养技术人才；又附设了一个翻译馆，由徐寿负总责，除了招聘傅兰雅、伟烈亚力等几个西方学者外，还召集了华蘅芳、季凤苍、王德钧、赵元益、徐建寅等略懂西学的人才。他们共同努力，克服了层层的语言障碍，翻译了数百种西方科技书籍。这些书籍反映了当时西方科学技术的基本知识、发展水平及发展动向，对于近代科学技术在中国的传播起了很大的作用。除成立翻译馆外，徐寿还向曾国藩提出以下三点建议：一为采煤炼铁，二为自造枪炮，三为操练轮船水师。曾国藩均一一采纳，曾国藩没有来得及实行的，由李鸿章逐步实行。

就这样，曾国藩在"师夷长技以制夷"的治国方略的实施上迈出了强有力的一步。

第二节　为国育才，奏请留学

江南机器制造总局和金陵机器制造局相继成立了，可是，曾国藩却不得不面对购置好的机器无人会使用的局面。此时的欧洲早已进入了工业时代，这引发了容闳的再次思考：国家现在最需要的到底是什么？也许不是冷冰冰的机器，而是懂得西方语言、懂得科学技术的可用之人。

为了解决人才问题，尽快实现强国之梦，容闳又自拟条陈四则，分别寄给升任江苏巡抚的丁日昌、已调任直隶总督的曾国藩。容闳的条陈四则如下：

一、中国宜组织一合资汽船公司。公司须为纯粹之华股，不许外人为股东。

二、政府宜选派颖秀青年，送之出洋留学，以为国家储蓄人才。派遣之法，初次可先定一百二十名学额以试行之。此百二十人中，又分为四批，按年递派，每年派送三十人。留学期限定为十五年。学生年龄，须以十二岁至十四岁为度。

三、政府宜设法开采矿产以尽地利。矿产既经开采，则必兼谋运输之便利。凡有内地各处以达通商口岸，不可不筑铁路以利交通。故直接以提倡开采矿产，即间接以提倡铁路事业也。

四、宜禁止教会干涉人民词讼，以防外力之侵入。

容闳在条陈中提出的选派聪颖俊秀的青年送到国外留学，这在古老的中华大地是亘古未有的，在封建守旧的大臣眼中更是有违祖制、大逆不道的行为。但超乎容闳想象的是，这个观点获得了曾国藩的坚定支持。

收到条陈后不久，丁日昌、李鸿章、曾国藩、容闳四人因天津教案一事齐聚于天津。谈完教案的事，丁日昌与容闳便当面跟曾国藩、李鸿章谈起了向美国遣派留学幼童的事。四个人讨论了好几天后，曾国藩治国理念的第二项内容——派留学生学习西方先进文化、先进技术，即所谓的洋为中用——便正式启动了。

曾国藩在《拟选子弟出洋学艺折》中说：

"我去年在天津办理洋人的事务，丁日昌奉圣旨来天津会同办理，经常和我商量，打算选派聪颖的幼童到西方各国的学校，学习军政、船舶、数学、机械制造等专业，学成归国，为我所用。如果凡是西方人擅长的技术，中国人都能精通，那么就可以逐渐图谋自强了。可以携带幼童去外国的人，加四品衔刑部主事陈兰彬、江苏候补同知容闳都可以胜任。我非常赞同这些话。

"为了早日实现这个计划，我在去年九月、今年正月两次附奏在案，总理衙门都没有答复。后来李鸿章调任直督，交接的时候，我们两个又谈起了这件事，他也认为这件事可行。我知道斌椿、志刚、孙家毂两次奉命游历各国，对于海外各国的情况也已经掌握了一些要领。如测绘、数学、天文、海事、船舶、机械制造等事，无一不和用兵打仗密切相关。在那些国家，凡是游学归来并取得一技之长的人，都会被请到学校里去，分科传授，精益求精。他们简直将军政、船舶视作身心性命之学。现在中国要想效法他们的想法、精通他们的方法，那么在这风气已经开化的时候，似乎应该尽快挑选聪颖子弟带到外国学习，亲身实践、孜孜以求，以附和皇上图谋慢慢自强的圣意。

"经查，美国与我国新立和约第七条里写道：'今后中国人要想进入美国国立大小学校学习各科文化技艺，美国必须像对待最优国国民一样对待中国人。'另外和约里还说：'美国人可以在中国指定的外国人居住的地方设立学堂，中国人也可以在美国这样做。'今年春天，美国公使经过天津时，李鸿章曾当面和他商量此事。他答应，等咱们通知抵达的日期后，他就会向美国政府转达，请他们妥为照料。

"三月间，英国公使来天津，也问到有无派学生出国一事，李鸿章就对他以实相告。他颇为赞赏支持，说先到美国学习，英国的大学极多，将来也可以根据情况派到那里。这本来就是外国人非常欢迎的事情，对于和平友好的大局有益无害。臣等想，外国人所擅长的东西，既然肯听凭别人一同学习，志刚、孙家毂又已经探出了一条道路，由太平洋乘船直达美国，一个多月就能到了，应该不是太难的事情。

"有人说，天津、上海、福州等地已经设机构仿造轮船、枪炮、军火，京城设立了同文馆，挑选满族和汉族的子弟，聘请西方人教授，另外，上海也开了广方言馆，挑选文科的学生学习，似乎中国在西学方面已经有了基础，不需要再远涉重洋。他们不知道，设机构制造机械军火、开馆教习西学，是用来图谋振奋的基础；而派学生远赴外国学习、收集外国的先进科学技术，是用来取得远大的发展的。

"西方学问崇尚实用，无论知识分子、工人，还是士兵，无不进入学校学习，共同学习原理，熟悉机械，亲身实践，各自发挥自己的聪明才智，师生传授，希望在日积月累中取得进展。中国想要获得他们先进的东西，仓促之间匆忙地把他们的机械都买来，不只财力不够，而且如果不是多次观察、经常使用，对于这些先进东西里蕴藏的道理奥妙，是没法明白的。

"听说以前福建、广东、宁波等地的孩子，也经常有去海外留学的。但他们只是想学点儿粗浅的外语，以便和洋人交易，为了衣食打算。既然这样，那么刚开始选择幼童起，就要慎之又慎。带到国外后，都要归委员管理约束。分门别类，力求在学术上精通。还要派一个翻译教官，随时教他们中国文化，使他们知道处世的大道理，这样就可以期望他们成为有用之才了。虽然这些幼童未必都能成大器，但人数既然众多，应该有出类拔萃的人才出现。这就是所谓'拔十得五'的说法了。"

经过曾国藩、李鸿章二人的反复奏请，朝廷终于同意了这项计划。任命陈兰彬为留美学生监督，容闳为副监督，负责挑选留美幼童事宜。可惜的是，陈兰彬、容闳二人管带首批出洋的三十名幼童尚未走出国门，积劳成疾的曾国藩便薨于两江总督任所。尽管这样，他开创的同治中兴局面，仍然延续了好多年。

第五章

曾国藩的"圣人"之道

曾文正者，岂惟近代，盖有史以来不一二睹之大人也已；岂惟我国，抑全世界不一二睹之大人也已。

——梁启超

第一节　曾国藩修身治家之道

在曾国藩的老家湘乡，流传着这样一个笑话：曾国藩在家读书，一篇短短的文章，朗诵了很多遍，但就是背不下来。一个小偷本想等他睡下之后行窃，可是左等右等，就是不见他睡。小偷终于忍无可忍，跳出来大叫："这种笨脑袋，还读什么书？"

这个笑话并非无中生有。曾国藩天资并不出色，梁启超曾说："文正固非有超群绝伦之天才，在并时诸贤杰中称最钝拙。"左宗棠更是屡屡不留情面地批评他"才短""欠才略""于兵机每苦钝滞"，学生李鸿章也当面说过他太"儒缓"。曾国藩也常说"吾生平短于才""秉质愚柔""余性鲁钝，他人目下二三行，余或疾读不能终一行。他人顷刻立办者，余或沉吟数时不能了"。

公正地说，曾国藩绝不是一个机灵的人，与常人相比，书呆子气更浓重。而最终他又突破了制约书呆子的终极困境，把书本中的抽象理论与现实的生活相结合，终于石破天惊，成为一代宗师。

曾国藩最后能成常人所不能，要归功于他对自己立志、修身的严格要求。

曾国藩在道光年间以一介布衣寒士跻身于翰林院，可以说实现了多少读书人梦寐以求的"书生变蛟龙"的理想。但进入京师后，曾国藩并未如常人般沾沾自喜，因为他的志向并没有停留在翰林院，他的内心有更加宏远的抱负。他所立定的是君子之志，即：有民胞物与之量，有内圣外王之业，而后不忝于父母之所生，不愧为天地之完人。

曾国藩认为，志向的高远对个人来讲至关重要。"古人患难忧虞之际，正是德业长进之时，其功在于胸怀坦夷，其效在于身体康健。圣贤之所以为圣贤，佛家之所以成佛，所争皆在大难磨折之日。将此心放得实，养得灵，有活泼之胸襟，有坦荡之意境，则身体虽有外感，必不至于内伤。"曾国藩意识到，自身修养同内圣外王的心灵终极尚有很大距离，因此初涉京畿就将"不为圣贤，便为禽兽；莫问收获，但问耕耘"作为座右铭，时时以"君子当以不如尧、舜、周公为忧，当以德不修、学不讲为忧"自勉。

考中进士是曾国藩政治生涯的起点，同时也是他新生活的开端。他甚至将自己的名号都改换了。曾国藩本名子城，到京城后，先改号涤生，取荡涤旧事、告别昨天之意，后得益于名师劝导，改名国藩，以示要做国之藩篱，为朝廷栋梁。

人物链接

◎ **唐鉴**（1778—1861）

字镜海，两榜出身，著名理学大师，道光年间任太常寺卿，后辞官游学。

◎ **倭仁**（1804—1871）

蒙古正红旗人，乌齐格里氏，字艮峰，师从理学家唐鉴。咸丰初年任大理寺卿。

曾国藩立定君子之志后，便投身于京师求学交友的广阔天地。他先拜理学大师时任太常寺卿的唐鉴为师，深入学习经世致用之学，兼治诗和古文词，并以朱子之书为日课。向翰林院编修、当时著名的书法家何绍基学习楷书。唐鉴休致[①]回籍后，曾国藩又与倭仁、吴廷栋、何桂珍等人经常聚会，相互交流学

---

① 休致：亦称致仕，官员辞掉官位退休。

习心得。

在致诸弟的书信中，曾国藩表露了开辟新生活之意，全然否定过去偏居湖南的生活。他认为，自己"少时天分不甚低，厥后日与庸鄙者处，全无所闻，窍被茅塞久矣"，到京师后才发现"乡间无朋友，实为第一恨事"，衡阳同学均为"庸鄙无志者，又最好讪笑人。其笑法不一，总之不离乎轻薄而已"。他劝说弟弟们不要和这些人密切接触，他们"不惟无益，且大有损。习俗染人，所谓与鲍鱼处，亦与之俱化也"。他甚至认为，"衡阳不可以读书，涟滨不可以读书，为损友太多故也"。

曾国藩当时只不过是个三十岁左右的青年，却以达到千百年来文人追寻的理想境界为目标，身心疲累程度可想而知。千里之行，始于足下。曾国藩为自己制订了严格的修身计划，曰"日课十二条"。内容有：

一、主敬：无事时整齐严肃，心如止水；应事时专一不杂，心无旁骛。

二、静坐：每日须静坐，体验静极生阳来复之仁心，正位凝命，如鼎之镇。

三、早起：黎明即起，绝不恋床。

四、读书不二：一书未看完，决不翻看其他，每日须读十页。

五、读史：每日至少读《廿三史》十页，即使有事亦不间断。

六、谨言：出言谨慎，时时以"祸从口出"为念。

七、养气：气藏丹田，修身养性。

八、保身：节劳节欲节饮食，随时将自己当作养病之人。

九、日知其所亡：每日记下茶余偶谈一篇，分为德行门、学问门、经济门、艺术门。

十、月无忘所能：每月作诗文数首，不可一味耽搁，否则最易溺心丧志。

十一、作字：早饭后习字半小时，凡笔墨应酬，皆作为功课看待，决不留待次日。

十二、夜不出门：旷功疲神，切戒切戒。

我们来看看，被后世奉为圣人的曾夫子最初是如何实践这"日课十二条"的。

第一条是"主敬"。计划中规定"无事时整齐严肃，心如止水；应事时专一不杂，心无旁骛"，曾国藩实践起来又是怎样的呢？道光二十二年（1842 年）十月二十四日，京城忽然刮起大风，这样恶劣的天气，曾国藩仍没有待在家中，其日记中记载："无事出门，如此大风，不能安坐，何浮躁至是！"曾国藩在京城居翰林之位，主要做的事情便是读书。读书是一件非常艰苦的事情，要真正深入研读必须做到心无旁骛。曾国藩的读书状态又如何呢？他在日记中记录了研读《易经》时的情形："丹黄几十页书，如勉强当差一样，是何为者？平生只为不静，断送了几十年光阴。立志自新以来，又已月余，尚浮躁如此耶！"

第二条是"静坐"。曾国藩本来打算用功读书，实际行动上却总是慵懒怠忽，日记往往无可记录，四十多天"日日玩愒"。这种状态使曾国藩时感空虚，晚上回到寓所将自己检讨一番，立誓明日洗心革面。孰知明日复明日，光阴空蹉跎。道光二十二年（1842年）十月十七日，曾国藩读罢《易经》后便出门会友。上午与杜兰溪谈学论道，留在杜家吃中饭，下午为何子敬祝寿，晚上于何宅赏听昆曲，直至初更时分才回到寓所。静夜思过，曾国藩充满愧疚，在日记中写道："明知尽可不去，而心一散漫，便有世俗周旋底意思，又有姑且随流底意思。总是立志不坚，不能斩断葛根，截然由义，故一引便放逸了。"交友聊天本是年轻人的常性，曾国藩亦不例外。他平时忙于交际应酬，酒酣耳热之际更是忘乎所以，高谈阔论，哪里还记得"静坐"功课？

第六条是"谨言"。有野心的年轻人大多都有争强好胜之心，饱读诗书、春风得意的翰林公曾国藩亦不例外。曾国藩自己也承认，"好名之意，又自谓比他人高一层"。每夜静思，面对"谨言"课程时，他常常愧疚不已：白天"总是话过多"，"言多尖刻，惹人厌烦"的情形历历在目。曾国藩身居翰林，谈学论道乃常有之事，而他往往强言争辩，"词气虚骄"，好友们为此没少吃苦头。据《曾国藩日记》记载，一次，他与好友为学业争论起来，反省云："彼此持论不合，反复辩诘。余内有矜气，自是特甚，反疑别人不虚心，何以明于责人而暗于责己也？"

此种情形在他的日记中时有出现。道光二十二年（1842年）十一月初九，曾国藩至友人陈源兖处为其母拜寿，"席前后气浮言多"，同汤鹏等人讨论诗文时"多夸诞语"。回家后在日记中写道："平日辩论夸诞之人，不能遽变聋哑，惟当谈论渐低卑，开口必诚，力去狂妄之习。此二习痼弊于吾心已深。前日云，除谨言静坐，无下手处，今忘之耶？"

曾国藩为戒妄语付出了十分艰苦的努力。他甚至刻意疏远朋友，被大家戏谑为"淡而无味，冷而可厌"。师友吴廷栋劝导他说："友朋之投契，君臣之遇合，本有定分，然亦可积诚而致之，故曰命也。然君子不谓命。"

第七条是"养气"。过去的史家在评论历史人物时，往往为突出其政治属性，会将他们简化为冷冰冰的面孔。对曾国藩的评价便是典型一例。曾国藩无疑是一位理学家，恪守"存天理，灭人欲"的信条。后世史家往往便会由此出发，忽略掉曾国藩和其他男人一样有七情六欲的一面。实际上，曾国藩因笃信理学而从未纳妾，且妻子欧阳氏经常患病，所以他格外羡慕姬妾成群的同僚。

一次，曾国藩应邀赴宴，看到进士同年美妾如云，心中顿生无限游思，"目屡邪视"，回家后又闻妻子病榻呻吟，心中无端烦躁。入夜静思，他顿感理学功夫大减，反省云："真不是人，耻心丧尽，更问其他？"道光二十二年（1842年）十二月，挚友陈源衮新纳美妾，人皆赞貌若桃花，曾国藩羡慕不已，借故意欲一见。陈源衮拗不过曾国藩，只好从命。曾国藩见美妾后窘态百出，出言调戏，"狎亵大不敬"。道光二十三年（1843年）二月，曾国藩在好友汤鹏家中又故伎重施，对汤鹏的两个姬妾"谐谑为虐，绝无闲检"。除调戏友人姬妾外，青年曾国藩还经常出入声色场所，"无事夜行，心贪嬉游"。

第八条是"保身"。曾国藩平生有三戒，即戒妄语、戒围棋和戒水烟。然而，戒棋对曾国藩来讲是一道不可逾越的修身极限，终其一生亦未戒除。曾国藩自幼酷爱下棋，任职京师后更如鱼得水。

因为京城是棋界精英荟萃之所，曾国藩的师友中有不少人耽于此道，如刘谷仁、何子敬、朱廉甫等，所以曾国藩在论学之余，总能找到棋友一起下棋，几乎到了沉溺痴迷的程度。一次，曾国藩上午刚同友人战罢，午饭时看到有人下棋仍"嗜之若渴"，立在一旁指指点点，"几欲自代"。

然而下棋是非常劳神的，一局下罢往往令人头昏眼花，精神萎靡。曾国藩为了专注精神于正务，便下定决心戒棋。他在道光二十二年（1842 年）十一月二十二日的日记中写道："又围棋一局，此事不戒，何以为人！"为了戒棋，曾国藩令家人将围棋束之高阁，藏到他不知道的地方。

遗憾的是，一旦棋友来家做客，他便将誓言、决心弃之不顾了，命家人取出棋具，下将起来。一次，郭嵩焘来到家中做客，谈罢公事，二人"围棋二局"。下完棋后，曾国藩感到身体非常疲乏，发誓"以后永戒，不下棋"。没想到，曾国藩的"永戒"竟然未能坚持一日。次日便又与郭嵩焘下棋，"复蹈昨日之辙"。第三天又同黄鹤汀下棋良久。

围棋戒不掉，沉溺又会有损身体，曾国藩总是为此进行着激烈的思想斗争。有一天，好友徐石泉来访，二人下棋数局，"石泉去而余头昏眼花，因戒永不下棋。誓曰：如再下棋，永绝书香也"。即使下了如此之大的决心，曾国藩还是未能戒掉棋瘾。无论是在金陵决战的殊死时期，还是天津教案的千钧一发之际，曾国藩都未曾忘记围棋。

不过，曾国藩在戒水烟方面还是十分成功的，就连梁启超都因此而钦佩他的个人意志力。曾国藩出身湖南，深受湘文化"经世"

学派的影响，对当时流行的鸦片烟毒深恶痛绝，但他自己却有抽水烟的嗜好。曾国藩意识到"吃烟太多，故致困乏"的危害，为"保身"计，决心从道光二十二年（1842 年）十月开始戒烟。曾国藩平素吸烟成瘾，甫一戒烟，便承受着精神和肉体上的双重折磨。戒烟初期，曾国藩时感六神无主、精神恍惚，犹如婴儿断乳般难受。他一方面告诫自己断不能复吸，另一方面拼命找朋友下棋、聊天，防止戒烟失败。关于这一段的痛苦经历，他在日记中有详细的记载："即宜守规敬事，乃闲谈荒功，又溺情于弈。归后数时，不一振刷，读书悠忽，自弃至矣。乃以初戒吃烟，如失乳彷徨，存一番自恕底意思。此一恕，天下无可为之事矣。急宜猛省。"戒烟中期，曾国藩的烟瘾时有反复，"自戒烟以来，心神彷徨，几若无主，遏欲之难，类如此矣！不挟破釜沉舟之势，讵有济哉！"每到这种时候，曾国藩便"不能静坐，只好出门"。一个月后，曾国藩终于成功戒烟。

由以上种种来看，曾国藩的修身实践艰难异常，始终徘徊于同本心欲望斗争的困境之中。然而正是在立定大志的前提下，他才能够"截断根缘，誓与血战"，成就了后来的一番伟业。

古人不仅讲究修身之术，还讲究治家之方。古人认为，一个人只有修好身、齐好家，才能去治国、平天下。

通常大家都认为"高薪可以养廉"，但曾国藩认为"俭以养廉"才是至要。俭以养廉既是曾国藩纵横官场的法宝，也是他终生廉洁的护身符。

对"俭以养廉"四个字，曾国藩在同治二年十一月十四日

（1863 年 12 月 24 日）给二弟曾国潢的信中有过详尽的解释。他在信中这样写道：

> 余往年撰联赠弟，有"俭以养廉，直而能忍"二语。弟之直，人人知之，其能忍，则为阿兄所独知。弟之廉，人人料之，其不俭，则阿兄所不及料也。以后望弟于俭字加一番工夫，用一番苦心，不特家常用度宜俭，即修造公费，周济人情，亦须有一俭字的意思，总之爱惜物力，不失寒士之家风而已。莫怕寒村二字，莫怕悭吝二字，莫贪大方二字，莫贪豪爽二字，弟以为然否？

曾家是中国传统社会耕读家庭的典型。曾国藩继承了祖父、父母倔强刚毅的性格，又将他们拙诚、仁孝、勤劳的品格发扬光大。

曾家的家规家训在曾国藩的祖父曾玉屏时已初具形态。曾玉屏要求家人必须遵守家规：男子耕读，女必纺织。耕，是生存的根本；读，是入仕的阶梯。耕读之家须以"读"求取功名，以"男耕女织"维持生计。曾玉屏要求家人须谨行八件事：读书、种菜、饲鱼、养猪、早起、洒扫、祭祖、敦亲睦邻。疏远六种人：风水先生、算命之士、医生、和尚、巫道及寄寓他人家中者。

曾国藩曾说："子弟之贤与不贤，六分本于天生，四分由于家教。我家代代皆有世德明训，特别是星冈公之教，尤应谨守牢记。"他将祖父曾玉屏的家规编成八句话："书蔬鱼猪，考早扫宝，常说常行，八者都好。地命医理，僧巫祈祷，留客久住，六者俱恼。"并告诫家人："此八好六恼者，我家世世守之，永为家训。子孙虽愚，亦必略有范围也。"

后来，曾国藩按照实际情况，将"八好"总结为"猪蔬鱼书，早扫考宝"八字治家格言，使曾氏治家、持家之术更加完善、实用。

猪，是指家中的猪圈里一定不能没有猪，猪是农家宝，家家少不了；蔬，是说空闲的房前屋后一定要种上时鲜蔬菜，既省钱又方便，吃起来还放心，又可以美化环境；鱼，则是告诉家人，池水塘里撒上鱼苗，就算不精心侍弄，也能有所收获；书，是警告后辈们，要想让家族长盛不衰，族里人才辈出，就要好好读书；早，说的是事事赶早，不要落于人后，包括劳动赶早、读书赶早；扫，是告诉家人要天天打扫环境，扫除心灵灰尘，不能懒惰；考，则是指要诚修祭祀，不要忘掉自己的祖宗；宝，则是告诫家人，无论何时都要善待亲族邻里，不要妄自尊大。

曾国藩治家，并不仅仅停留在纸面上，最让人敬佩的是他确实始终都在身体力行。

曾国藩在京里为官时，家眷常年住在原籍，但曾国藩要求，凡是家里的成年女人，无论是夫人、女儿还是儿媳，每人每年至少要通过进京的熟人给他捎一坛自己腌制的咸菜，要求甚至具体到了每人每年必须保证亲手腌制的坛数。他收到咸菜后，会把每坛咸菜都品尝一番，并写出考语，寄回家乡。曾家女人还有一项常课，那就是每人每年必须为曾国藩缝制两双布鞋。曾国藩晚年时，从衙门回来后会马上换上家里人给他缝制的布鞋，好像成瘾了一样。

女人腌制咸菜、缝制布鞋这两件事，不仅他本人一直坚持要求，就连各立门户的曾国潢、曾国荃等人也不敢懈怠。所以，从曾家走出来的女人，无论长得美还是丑，个个都非常贤惠，且都会腌制咸菜和缝制布鞋，这几乎成了曾家女人的独门绝技。

说到曾家的咸菜，与别人家的也是很不相同。这话得从曾国藩的太爷曾竟希说起。

曾竟希靠着给大户人家打短工的积蓄买了五分田，十几年后扩大到二十几亩。为了让菜地多出些银子，不同于别人都用最好的菜来腌菜，曾家把好的菜都卖掉了，全用菜根儿、菜叶来腌制。如果菜根儿出得少，便把瓜皮洗净了代替，总要填满十几缸。

亲戚邻居们见曾家已过得有些气象，都认为曾家大可不必如此节俭。曾竟希却说："菜根儿补肾，苦瓜根儿去火，都是宝哩！"

曾家什么都在变，气象也是一日胜过一日，但这咸菜的内容却一直没有变。湘乡人都说："曾家吃菜根儿是吃顺口了！"

除了对家中的女人有具体要求之外，曾国藩对家里其他人的要求也极其严格。比如，在等级森严的封建时代，官宦人家的管家出门都要坐轿，更不用说大小主人了，可是，曾国藩却在信里告诉兄弟子侄们，非到万不得已，绝不许随便使唤轿子。除此之外，他甚至要求兄弟子侄们不许随便呼婢唤奴，自己的事情一定要自己做。

吾细思凡天下官宦之家，多只一代享用便尽。其子孙始而骄逸，继而流荡，终而沟壑，能庆延一二代者鲜矣。商贾之家，勤俭者能延三四代；耕读之家，勤朴者能延五六代；孝友之家，则可以绵延十代八代。我今赖祖宗之积累，少年早达，深恐其以一身享用殆尽，故教诸弟及儿辈，但愿其为耕读孝友之家，不愿其为仕宦之家。诸弟读书不可不多，用功不可不勤，切不可时时为科第仕宦起见。若不能看透此层道理，则虽巍科显宦，终算不得祖父之贤肖，我家之功臣。若能看透此层道理，则我钦佩之至。

曾国藩这么要求家里人，他自己对"勤俭"二字更是身体力行。

道光二十九年（1849 年），曾国藩当时已经官至二品。但就是这样一位高官，在京城为官时，却一直租房子住；每顿饭只有一道菜，因此还被民间戏称为"一品宰相"；穿衣服也很节俭，一件天青缎马褂，因为只有偶尔庆贺和新年时才穿，穿了三十年，还和新的一样。

曾国藩当时的俸禄不算低，但由于京城的花销实在是很大，再加上他有买书的习惯，还要供养老家的老人和妻儿，竟然年年要靠借债度日！

人物链接

◎ **陈孚恩（1802—1866）**

江西新城人，字子鹤，拔贡出身。道光末年官至协办大学士、刑部尚书，咸丰帝登基被勒令致仕。

咸丰元年（1851 年），曾国藩因为替一名弹劾广西巡抚郑祖琛的监察御史鸣不平，被咸丰皇帝一句话就给稀里糊涂地扔进了刑部大牢，又让协办大学士刑部尚书陈孚恩稀里糊涂地打了三十大板，后来还是肃顺说情，咸丰皇帝才又一句话把他官复原职。这样算起来，曾国藩离开府邸也就是几天的光景，但当他回到府邸时，还是被吓了一跳。

府邸里静得瘆人。曾国藩叩门时，心中还在推测："肯定是我的事被府里知道了，下人们都作了鸟兽散。"当时在京城里，这样的事情时有发生。尤其是四品以下官员的府邸，哪怕是从宫里或门外传错一句话，甚至只一字之差，比如把"老爷被贬"传成"老爷被逮"，仆人也要走散大半。

叩了很长时间的门，里面才有动静："客人请回吧，我家老爷出皇差了，不在府上。"曾国藩一听声音，知道是门房周升，按捺住满心的感动，心平气和地回答："老爷的皇差已经办完了！周升啊，你开门吧。"周升这才开门，倒把曾国藩吓了一跳。为什么呢？因为周升看起来太憔悴了。

曾国藩以为家里出了什么大事。周升告诉曾国藩："礼部来人说老爷触犯了国法，被投进了刑部大牢！我就赶紧告诉家里人，千万别出去乱说。我千嘱咐万叮咛，还是被钱庄知道了。钱庄前儿个来人要搬您老的《廿三史》，小的们好说歹说总算劝住了。昨天另一家钱庄来人，说啥也要把轿子抬走顶账。您刚才一敲门，我还以为又是钱庄来讨账呢。"

还有史料记载，曾国藩有一次着急用钱，实在没辙了，就把自己收藏了好几年的一把状元扇给当了。

曾国藩身为堂堂大清国二品大员，竟然屡屡要靠去钱庄借钱、当铺抵押财物维持全家人的开销，实在是将"以俭养廉"做到了极致。

曾国藩以自己的行为真正落实了他"予自三十岁以来，即以做官发财为可耻，以宦囊积金遗子孙为可羞可恨。故私心立誓，总不靠做官发财以遗后人。神明鉴临，予不食言"的誓言。他在两江总督任上去世后，曾家从金陵两江总督府搬回湖南老家的遗物，基本上都是书。曾国藩安贫乐道，一生不虚。

第二节 曾国藩为官从政之道

勤政爱民思想是曾国藩为官从政思想的重要组成部分。

咸丰元年（1851 年），曾国藩时任礼部侍郎兼署兵部、刑部、工部、吏部侍郎。其间，他受命到下面办过几次皇差，目睹了民间百姓的疾苦和贫困地区民不聊生的景象。经过更深一步的调查、走访，他给朝廷上了一道《备陈民间疾苦疏》的折子，第一次提出：民间银价太高、税赋太重；盗贼太多，地方衙门不作为，百姓深受其害；各地冤狱太多，百姓有冤难伸。

为了更好地理解曾国藩为官从政的思想，全文抄录这篇疏陈，供大家参考。

奏为备陈民间疾苦，仰副圣主爱民之怀事。

臣窃闻国贫不足患，惟民心涣散，则为患甚大。自古莫富于隋文之季，而忽致乱亡，民心去也；莫贫于汉昭之初，而渐致乂安，能抚民也。我朝康熙元年至十六年，中间惟一年无河患，其余岁岁河决，而新庄高堰各案，为患极巨；其时又有三藩之变，骚动九省，用兵七载，天下财赋去其大半，府藏之空虚，殆有甚于今日。卒能金瓯无缺，寰宇清谧，盖圣祖爱民如伤，民心固结而不可解也。我皇上爱民之诚，足以远绍前徽。

特外间守令，或玩视民瘼，致圣主之德意不能达于民，而民间之疾苦不能诉于上。臣敢一一缕陈之：

一曰银价太昂，钱粮难纳也。苏、松、常、镇、太钱粮之重，甲于天下。每田一亩，产米自一石五六斗至二石不等。除去佃户平分之数与抗欠之数，计业主所收，牵算不过八斗。而额征之粮已在二斗内外，兑之以漕斛，加之以帮费，又须各去米二斗。计每亩所收八斗，正供已输其六，业主只获其二耳。然使所输之六斗，皆以米相交纳，则小民犹为取之甚便。无如收本色者少，收折色者多。即使漕粮或收本色，而帮费必须折银，地丁必须纳银。小民力田之所得者米也。持米以售钱，则米价苦贱而民怨；持钱以易银，则银价苦昂而民怨。东南产米之区，大率石米买钱三千，自古迄今，不甚悬远。昔日两银换钱一千，则石米得银三两。今日两银换钱两千，则石米仅得银两五钱。昔日卖米三斗，输一亩之课而有余。今日卖米六斗，输一亩之课而不足。朝廷自守岁取之常，小民暗加一倍之赋。

此外如房基，如坟地，均须另纳税课。准以银价，皆倍昔年。无力监追者，不可胜计。州县竭全力以催科，犹恐不给，往往委员佐之，吏役四出，昼夜追比，鞭朴满堂，血肉狼藉，岂皆酷吏之为哉！不如是，则考成不及七分，有参劾之惧，赔累动以巨万，有子孙之忧。故自道光十五年以前，江苏尚办全漕，自十六年至今，岁岁报歉，年年蠲缓，岂昔皆良而今皆习！盖银价太昂，不独官民交困，国家亦受其害也。

浙江正赋与江苏大略相似，而民愈抗延，官愈穷窘，于是有"截串"之法。"截串"者，上忙而预征下忙之税，今年而预截明年之串。小民不应，则稍减其价，招之使来。预截太多，缺分太亏，后任无可复征，虽循吏亦无自全之法，则贪吏愈得借口鱼肉百姓，巧诛横索，悍然不顾。江西、湖广课额稍轻，然白银价昂贵以来，民之完纳愈苦，官之追呼亦愈酷。或本家不能完，则锁拿同族之殷实者而责之代纳。甚者或锁其亲戚，押其邻里。百姓怨愤，则抗拒而激成巨案。如湖广之耒阳、崇阳，江西之贵溪、抚州，此四案者，虽闾阎不无刁悍之风，亦由银价之倍增，官吏之浮收，差役之滥刑，真有日不聊生之势。臣所谓民间之疾苦，此其一也。

二曰盗贼太众，良民难安也。庐、凤、颍、亳一带，自古为群盗之薮。北达丰、沛、萧、砀，西接南、汝、光、固，此皆天下腹地。一有啸聚，患且不测。近闻盗风益炽，白日劫淫，捉人勒赎，民不得已而控官。官将往捕，先期出示，比至其地，牌保辄诡言盗遁。官吏则焚烧附近之民房，示威而后去；差役则讹索事主之财物，满载而后归，而盗实未遁也。或诡言盗死，毙他囚以抵此案，而盗实未死也。案不能雪，赃不能起，而事主之家已破矣。吞声饮泣，无力再控。即使再控，幸得发兵会捕，而兵役平日皆与盗通，临时卖放，泯然无迹；或反借盗名以恐吓村愚，要索重贿，否则，指为盗伙，火其居而械系之；又或责成族邻，勒令缚盗来献，直至缚解到县，又复索收押之费，索转解之资。故凡盗贼所在，不独事主焦头烂额，即最疏之戚，最远之邻，大者荡产，小者株系，比比然也。往者嘉庆川、陕之变，盗魁刘之协者，业就擒矣，太和县卖而纵之，遂成大乱。今日之劣兵蠹役，豢盗纵盗，所在皆是，每一念及，可为寒心。臣在刑部见疏防盗犯之稿，日或数十件，而行旅来京言被劫不报，报而不准者，尤不可胜计。南中会匪名目繁多，或十家之中，三家从贼，良民逼处其中，心知其非，亦姑且输金钱、备酒食以供盗贼之求而买旦夕之安。

臣尝细询州县所以讳盗之故，彼亦有难焉者。盖初往踩缉，有拒捕之患；解犯晋省，有抢夺之患；层层勘转，道路数百里，有繁重之患；处处需索，解费数百金，有赔累之患。或报盗而不获，则按限而参之；或上司好粉饰，则目为多事而斥之。不如因循讳饰，反得晏然无事。以是愈酿愈多，盗贼横行，而良民更无安枕之日。臣所谓民间之疾苦，此又其一也。

三曰冤狱太多，民气难伸也。臣自署理刑部以来，见京控、上控之件，奏结者数十案，咨结者数百案。惟河南知府黄庆安一案、密云防御阿祥一案，皆审系原告得失，水落石出。此外各件，大率皆坐原告以虚诬之罪，而被告者反得脱然无事。其科原告之罪，援引例文，约有数条：或曰申诉不实，杖一百；或曰蓦越进京告重事不实，发边远军；或曰假以建言为由，挟制官府，发附近军；或曰挟嫌诬告本管官，发烟瘴军。又不敢竟从重办也，则曰怀疑误控，或曰诉出有因。于是有收赎之法，有减等之方，使原告不曲不直，难进难退，庶可免于翻案，而被告则巧为解脱，断不加罪。

夫以部民而告官长，诚不可长其习风矣。若夫告奸吏舞弊，告蠹役作赃，而谓案案皆诬，其谁信之乎？即平民相告，而谓原告皆曲，被告皆直，又谁信之乎？圣明在上，必难逃洞鉴矣。臣考定例所载，民人京控，有提取该省案卷来京核对质讯者，有交督抚审办者，有钦派大臣前往者。近来概交督抚审办，督抚发委首府，从无亲提之事；首府为同寅弥缝，不问事之轻重，一概磨折恫喝，必使原告认诬而后已。风气所趋，各省皆然。一家久讼，十家破产，一人沉冤，百人含痛。往往有纤小之案，累年不结，颠倒黑白，老死囹圄，令人闻之发指者。臣所谓民间之疾苦，此又其一也。

此三者皆目前之急务。其盗贼太众、冤狱太多二条，求皇上申谕外省，严饬督抚，务思所以更张之。其银价太昂一条，必须变通平价之法。臣谨胪管见，另拟银钱并用章程一折，续行入奏。国以民为本，百姓之颠连困苦，苟有纤毫不得上达，皆臣等之咎也。区区微诚，伏乞圣鉴。谨奏。

同时上奏的还有《平银价疏》一折，原文如下：

奏为贵钱贱银以平银价而苏民困事。

臣于本月陈奏民间疾苦一疏，声明银价太昂，另折具奏，思所以变通之。窃惟十年以来，中外臣工奏疏，言钱法者，前后不下十余人。皆思贵钱贱银，以挽积重之势。而臣所深服者，惟二十四年吴文一疏；二十五年，刘良驹一疏；二十六年，朱一疏。此三疏者，皆奉旨交军机大臣，会同户部议奏。户部又交各省议复，旋以外间覆奏，议论不一，此事停阁不行。臣反复思维，民生切害之痛，国计日绌之由，实无大于此者。谨就三臣原奏所及，参以管见，拟为银钱并用章程数条，伏候圣鉴。

一，部定时价，每年一换也。凡民间银钱之贵贱，时价之涨落，早晚不同，远近亦异，若官收官放，而不定一确凿之价，则民间无所适从，胥吏因而舞弊。查吴文原奏内称："照各省时价，由藩司酌定，于开征前十日，颁示各属。"朱奏与吴文大略相同，惟称多不过一千七百，少不过一千二百，稍示限制而已。刘良驹所奏，则以为"由部酌中定价。若捐输①案内，以制钱一千五百文抵银一两之例"。厥后户部议复，酌定每两折钱一千五百文，核准在案。臣愚以为时价可换二千，若骤改为一千五百以放兵饷，则哗然矣。应请部颁定酌，每年一换。如现在时价换一千九百有奇，部改为一千八百，则耳目不至乎大骇，而官民皆得以相安。明年时价稍平，则部价亦从而稍减。令各省每年奏报银价，九月奏到户部，酌定明年之价，于十月奏闻，求皇上明降谕旨：明年每银一两，抵制钱若干文。收之民者，不许加分毫；放之兵者，不许加分毫；穷乡僻壤，誊黄遍谕。凡一切粮串、田单、契尾、监照、捐照等件，概将本年银价刻入。海内皆知，妇孺共晓，坚如金石，信如四时。庶民不致生怨，胥吏不能舞弊也，其与官项全无交涉，市肆涨落，与部价不符，仍置不问。至现在八旗搭放兵饷，每两抵钱一千文，外省搭放兵饷，每两抵钱千数百文不等，不足以昭画一。应俟新章定后，概从每年所定部价，以免参差。

一，京外兵饷皆宜放钱也。查刘良驹原奏，兵饷分成放

---

① 捐输：是清朝为筹措军饷特给想做官、进学的人所提供的一种门路。只要拿出一定数额的银两，就可以买到相应的官职或监生资格。捐官不属正途，人们习惯称其为杂途或捐班。

钱。吴文则言，外省之兵，概放钱文。朱一折于兵饷尤为详细，具说以为京营分建东西两库，东四旗兵赴东库领钱，西四旗兵赴西库领钱。外省之钱，则分道库、府库存贮。省标城守之兵，由藩司支放；外标、外营之兵，由藩司发帖，持向各道、府、厅、州支领。臣愚以为朱之说，实属可行。凡兵丁领银之后，皆须换钱而后适用。应请嗣后八旗兵饷，皆各平分，一半仍放银两，一半搭放钱文。其外省绿营，一概放钱。各州县所收钱文，有道员处，解存道库，无道员处，解存府库，无知府处，解存直隶州厅库。由藩司发帖，持向各处支领。庶钱无解省累重之烦，而兵丁无减平克扣之苦。至驻防各兵，仍旧放银，以免纷更。

一，部库入项，亦可收钱也。查户部所收各项，惟田井科之旗租，捐纳户之常捐，系京库坐收之款。此外，皆由各省解运来京。刘良驹原奏内称："常捐银两，尽可收钱。"朱奏内称："长芦盐价可解钱，以充京饷。"臣愚以为不特此也。旗租银两，本系近京小民佃种，其所纳皆系钱，文官为易银，转费周折，不若即令解钱入京。常捐大捐之银，亦可酌收钱文。计此二项，每年可得百余万串。至于外省解京之款，如长芦，山东盐课，尽可解钱进京。直隶，山东地丁起运之项，亦可运钱。应令此二省督抚，每年各解钱百万串入京。又令两淮盐运使，每年解钱二百万串入京。合之京局鼓铸之钱，共得六百余万串，足以资运转矣。臣虽至愚，岂不知钱质笨重，搬运艰难？然不行天下至难之事，不足挽天下积重之势。大利所在，未可以小小窒碍，则畏难而苟安也。且较之滇黔之铜铅，江广之漕粮，难易相去悬远矣。其解钱之官，须照铜员之例，量与津贴之费，务使毫无赔累，官兵称便，共计帮费为过二三万金，所失无几，而所转移者大矣。

一，地丁正项，分县收钱也。凡出项莫大于兵饷，入项莫大于地丁。查吴文、刘良驹、朱三臣折内，皆极言地丁收钱之益。臣愚以为当分县办理。如云、贵、川、广、闽、蜀、甘肃此七省者，本省之丁赋，不足充本省之兵饷，初无起解之项。其地丁银两，应即全数收钱，以省。此外各省除去存留及兵饷二项，尚有余银解运京库，协济邻省者，其地丁银两，应令一两以下小户，全数收钱，一两以上大户，银钱各半兼收。不必按成指派，不必分析名目，使小民易知易从。其或患收钱太多，不便起运者，州县自行换银解省，以备京款办款之用。

一，外省用项，分别放钱也。查各省廉俸、工需、役食等项，名曰存留坐支之款。前吴文、刘良驹、朱三折及户部议复一折，皆言此项可全行放钱，应即遵照办理。至两河经费，刘良驹、朱及户部三折，皆言可搭成用钱。臣闻从前林则徐在汴工，目前陆建瀛在丰工，皆令远近州、县辇钱到工，以防市价居奇，银价骤跌之患。东河捐输案内，曾令以钱报捐，是河工在在需钱，其理易明。应请嗣后南河每年解钱百万串到工。于两淮盐课，江苏地丁项下，各半分解。东河每年解钱五十万串到工。于河南山东地丁项下，各半分解。

一，量减铜运，以昂钱价也。查朱原奏内称："暂停鼓铸，一弛一张；庶钱重，而价渐平。"臣愚以为铸不可停，而运不可不减。侧闻云南铜务，洞老山空，民怨官困。滇铜不足，搜买外省；外省不足，偷买宝局，实有万不能继之势。应请于六运中，酌量停一二运，使云南官民，稍纾积困。其铜本一项，即可采买钱文，并可于炉头、匠役，量加优恤，以期铸造坚好，庶钱质日精，钱价日起。俟十年后，滇厂稍旺，再复六运。各停炉之省，亦渐次开卯，务使天下官民，皆知钱之可贵，而不知辇运之苦，则相安无事，庶不终受纹银出洋之苦矣。

以上六条，皆就吴文、刘良驹、朱三臣奏议，参以鄙意，粗定规模。伏求饬下户部妥议，抄录三臣原奏进呈，备圣明采择施行。谨奏。

这两篇上疏都是曾国藩针对当时社会现状提出的变革方案，虽然最终没有被咸丰皇帝采用，但从中不难看出他对清朝政府的忠心，以及力图缓和社会矛盾、改革时弊的决心。

曾国藩生逢乱世，对当时的吏治腐败有着十分深刻的感受。他以平定内乱起家，始终认为太平天国运动的爆发在很大程度上源于大清的吏治不清。"何尝不以有司虐用其民，鱼肉日久，激而不复反顾，盖大吏之泄泄于上，而一切废置不问者，非一朝一夕之故矣。"

内乱结束后，曾国藩明确提出：要以吏治人心为第一义；务须从吏治上痛下功夫，斯民庶可少苏；若不从吏治人心痛下功夫，涤肠荡胃，断无挽回之理，内乱迟早会再次发生。

曾国藩的吏治思想主要体现为他在两江总督任上制定的《劝诫

浅语》。这也成为后世为政者取法借鉴曾国藩政治资源的经典文本。现全文抄录如下：

劝诫州县四条

上而道府，下而佐杂，以此类推。

一曰治署内以端本。

宅门以内曰上房、曰官亲、曰幕友、曰家丁，头门以内曰书办、曰差役。此六项者，皆署内之人也。为官者欲治此六项人，须先自治其身。凡银钱一分一毫，一出一入，无不可对人言之处，则身边之人不敢妄取，而上房、官亲、幕友、家丁四者皆治矣。凡文书案牍，无一不躬亲检点，则承办之人不敢舞弊，而书办、差役二者皆治矣。

二曰明刑法以清讼。

管子、荀子、文中子之书，皆以严刑为是，以赦宥为非。子产治郑，诸葛治蜀，王猛治秦，皆用严刑，以致义安。为州县者，苟尽心于民事，是非不得不剖辨，谳结不得不迅速。既求讯结，不得不刑恶人，以伸善人之气，非虐也，除莠所以爱苗也，惩恶所以安良也。若一案到署，不讯不结，不分是非，不用刑法，名为宽和，实糊涂耳，懒惰耳，纵好恶以害善良耳。

三曰重农事以厚生。

军兴以来，士与工商，生计或未尽绝。惟农夫则无一人不苦，无一处不苦。农夫受苦太久，则必荒田不耕。军无粮，则必扰民；民无粮，则必从贼；贼无粮，则必变流贼，而大乱无了日矣。故今日之州县，以重农为第一要务。病商之钱可取，病农之钱不可取。薄敛以纾其力，减役以安其身。无牛之家，设法购买；有水之田，设法疏消。要使农夫稍有生聚之乐，庶不至逃徙一空。

四曰崇俭朴以养廉。

近日州县廉俸，入款皆无着落，而出款仍未尽裁，是以艰窘异常。计惟有节用之一法，尚可公私两全。节用之道，莫先于人少、官亲少，则无需索酬应之繁，幕友家丁少，则减薪工杂支之费。官厨少一双之箸，民间宽一分之力。此外衣服饮食，事事俭约，声色洋烟，一一禁绝，不献上司，不肥家产。用之于己者有节，则取之于民者有制矣。

劝诫委员四条

向无额缺，现有职事之员，皆归此类。

一曰习勤劳以尽职。

观于田夫农父，终岁勤劳而少疾病，则知劳者所以养身也。观于舜禹周公，终身忧劳，而享寿考，则知劳者所以养心也。大抵勤则难朽，逸则易坏，凡物皆然。

二曰崇俭约以养廉。

昔年州县佐杂，在省当差，并无薪水银两，今则月支数十金，而犹嫌其少。昔年举贡生员在外坐馆，不过每月数金，今则增至一两倍而犹嫌其少。此所谓不知足也。欲学廉介，必先知足。观于各处难民，遍地饿莩，则吾辈之安居衣食，已属至幸。尚何奢望哉？尚敢暴殄哉？不特当廉于取利，并当廉于取名。毋贪保举，毋好虚誉，事事知足，人人守约，则气运可挽回矣。

三曰勤学问以广才。

今世万事纷纭，要之，不外四端：曰军事，曰吏事，曰饷事，曰文事而已。凡来此者，于此四端之中，各宜精习一事。习军事，则讲究战攻防守、地势贼情等件。习吏事，则讲究抚字催科、听讼劝农等件。习饷事，则讲究丁漕厘捐、开源节流等件。习文事，则讲究奏疏条教、公牍书函等件。讲究之法，不外学问二字。学于古，则多看书籍；学于今，则多觅榜样。问于当局，则知其甘苦；问于旁观，则知其效验。勤习不已，才自广而不觉矣。

四曰戒傲惰以正俗。

余在军日久，不识术数、占验，而颇能预知败征。大约将士有骄傲气者必败，有怠惰气者必败。不独将士然也，凡委员有傲气者亦必偾事，有惰气者亦必获咎。傲惰之所起者微，而积久遂成风俗。一人自是，将举国予圣自雄矣；一人晏起，将举国俾昼作夜矣。今与诸君约，多做实事，少说大话，有劳不避，有功不矜。人人如此存心，则勋业自此出，风俗自此正，人才亦自此盛矣。

劝诫绅士四条

本省乡绅，外省客游之士，皆归此类。

一曰保愚懦以庇乡。

军兴以来，各县皆有绅局。或筹办团练，或支应官军，大抵皆敛钱以集事。或酌量捐资，或按亩派费，名为均匀分派，实则高下参差。在局之绅者少出，不在局之愚懦多出；与局绅有声气者少出，与局绅无瓜葛者多出；与局绅有夙怨者不惟勒派多出，而且严催凌辱，是亦未尝不害民也。欲选绅士，以能保本乡愚懦者为上等。能保愚懦，虽伪职亦尚可恕；凌虐愚懦，虽巨绅亦属可诛。

二曰崇廉让以奉公。

凡有公局，即有经管银钱之权，又有劳绩保举之望。同列之人，或争利权而相怨，或争保举而相轧，此不廉也。始则求县官之一札以为荣，继则大柄下移，毫无忌惮。衙门食用之需，仰给绅士之手，擅作威福，藐视官长，此不逊也。今特申戒各属绅士，以敬畏官长为第一义。财利之权，归之于官，赏罚之柄，操之自上。即同列众绅，亦互相推让，不争权势。绅士能洁己而奉公，则庶民皆尊君而亲上矣。

三曰禁大言以务实。

以诸葛之智勇，不能克魏之一城；以范韩之经纶，不能制夏之一隅。是知兵事之成败利钝，皆天也，非人之所能为也。近年书生侈口谈兵，动辄日克城若干，拓地若干，此大言也。孔子曰："攻其恶，无攻人之恶。"近年书生，多好攻人之短，轻诋古贤，苛责时彦，此亦大言也。好谈兵事者，其阅历必浅；好攻人短者，其自修必疏。今与诸君子约为务实之学，请自禁大言始。欲禁大言，请自不轻论兵始，自不道人短始。

四曰扩才识以待用。

天下无现成之人才，亦无生知之卓识，大抵皆由勉强磨炼而出耳。《淮南子》曰："功可强成，名可强立。"董子曰："强勉学问，则闻见博；强勉行道，则德日起。"《中庸》所谓"人一己百，人十己千"，即勉强工夫也。今士人皆思见用于世，而乏用世之具。诚能考信于载籍，问途于已经，苦思以求其通，躬行以试其袒，勉之又勉，则识可渐进，才亦渐充。才识足以济世，何患世莫己知哉！

《劝诚营官四条》此处不再引用。

晚清的官场污秽不堪，买官卖官盛行一时，吏治败坏。真正有才学的人可能根本无法进入官场、报效国家，而在位的当权者又是鱼龙混杂，不乏滥竽充数之辈。曾国藩识人有术、举贤荐能，为国家举荐了一批很有作为的能臣，很多人都成了国家不可或缺的栋梁之材。

选贤任能是曾国藩事业成功的一大法宝。像曾国藩这样，能够识别、培养、造就数量如此巨大的人才，在中国历史上并不多见，这一点就连讨厌他的人也不能不服气。

道光三十年（1850 年），面对国库不盈、烽烟四起的局面，刚刚登基的咸丰皇帝于五月十四日下旨命百官荐贤举能，用于扭转日渐颓废的国运。曾国藩抓住机会，一次就向咸丰疏举五人，称："李棠阶以学政归家，囊橐萧然，品学纯粹，可备讲幄之选；吴廷栋不欺屋漏，才能干济，远识深谋，可当大任；王庆云闳才精识，脚脚踏实，可膺疆圉之寄；严正基洞悉民隐，才能济变；江忠源忠义耿耿，爱民如子。"

　　要知道，在封建官场中，官员举荐人才时都会畏首畏尾，为回避责任，不惜保举一些平庸无能之辈。曾国藩一次保举五人的行为，这在当时来说，不仅十分罕见，更是其他人没有胆量去做的。

　　后来面见咸丰皇帝时，曾国藩又把他举荐的这五人的事迹重新讲了一遍。

　　第一个是广东学政李棠阶。李棠阶堪称品学纯粹，尤其是丁忧归籍时，只有一箱书和一副行李，真正是两袖清风！两广士子无不交口称赞，万名百姓自发相送，有人甚至哭得昏死过去。

　　第二个是刑部郎中吴廷栋。吴廷栋虽拔贡出身，却能勤奋自学，历朝法典尽能背出，堪称才能杰出，远识深谋，可当大任。

　　第三个是通政使司副使王庆云。王庆云通知时事，闳才精识，究心财政，穷其利病，稽其出入。尤其王庆云入京以来，能始终廉洁自律，办事扎实，实在是不多见。

　　第四个是在知府任上丁忧归籍的严正基。严正基在知府任上时，能够私访民情，体恤百姓，确保一方百姓平安，是百姓真正的父母官。如果调看严正基的审案卷宗，就可以发现，他在任期间没有错判过一个案子，没有枉杀过一个人，实属难得。

　　第五个便是举人出身的浙江丽水知县江忠源。江忠源在知县任上爱民如子，丽水的百姓无不交口称赞。江忠源为人仗义，忠义耿耿，天下皆知，是大清的文武全才。尤其是江忠源甘愿放弃会试，三次为死在京师的同乡、同年运送尸体的事，可以说传遍京师。京城还流传着这样一句话："包送灵柩江岷樵。"从这个角度看，江忠源是何等的忠义。

　　其实，曾国藩没把话说完。京城流传的不是一句话，而是两句话，叫作"包送灵柩江岷樵，代写挽联曾涤生"。江忠源字岷樵，曾国藩号涤生。这两句话是说，江忠源有侠肝义胆，曾国藩有同情心。但曾国藩不在皇帝面前夸自己。

中国自古以来就有看相之术。相由心生，一个人的个性心思、与人善恶都可以由面相看出。曾国藩能够为朝廷推荐贤能，和他精通看相之术密不可分。《冰鉴》是曾国藩立意看人识相而著，让曾国藩不朽的一生更添几分传奇。

关于曾国藩相人，一个著名的例子就是他对淮军将领刘铭传的评价。

据说，李鸿章带着新招募的淮军到安庆来向两江总督曾国藩报到。把军队安顿好以后，李鸿章就带着三个人去拜见曾国藩，请曾国藩给他们分派职务。这时曾国藩碰巧出去散步了，李鸿章就让三人在厅外等候，自己到里面坐等。

不久曾国藩回来，听到李鸿章想请他考察外面的三个人，张口便说："左边的那位是个忠厚人，办事小心，让人放心，可派他做后勤供应一类的工作；中间那位是个阳奉阴违、两面三刀的人，不值得信任，更担不起大任；右边那位是个将才，可独当一面，将来作为不小，可以重用。"

曾国藩向李鸿章详细阐述了三人的品行能力，这让李鸿章不禁暗自生疑。曾国藩明明没有会见三人，却对三人了如指掌，只此一面，便对三人侃侃而谈，这是如何办到的呢？

于是曾国藩告诉他："刚才我散步回来，走过他们身边时，看见左边那位始终低头不敢仰视，可见是位老实、小心谨慎的人；中间那位表面上恭恭敬敬，可等我走过之后就左顾右盼，可见是个阳奉阴违的小人；右边那位始终挺拔而立，如一根栋梁，双目正视前方，不卑不亢，可见是一位大将之才。"

曾国藩所说的这位"大将之才"，便是淮军猛将，后来官至台湾巡抚的刘铭传。

曾国藩具有异乎寻常看相识人的能力，通过观察对方的外貌、肢体语言，便可推断出对方的品质、性格、能力，这在他为官从政的数十载中屡试不爽。他所著述的《冰鉴》一书，更是谈气观相的经典论著，成为后人为官、用人学习研读的典范。

"求人才至难，当如鹰隼击物，不得不休。"曾国藩把求人才比成苍鹰猎物，一定要捕猎到才能罢休，可见曾国藩对人才是多么重视。

曾国藩还说，求人才要像青蚨有其母、野鸡有其媒一样，以类相求，同气相引。正所谓"物以类聚，人以群分"，主将身不正，求得的就难免是一群鸡鸣狗盗之才了。

曾国藩认为在平常状态下是看不出人的本质的，而求才就千万不要被表面现象迷惑，所以他强调一定要学会在危难情况下暗中观察人才，用这种方法来鉴别人才的好坏。从这里可以看出，曾国藩不但重视人才的量，而且重视人才的质，这是非常难得的。

除此之外，曾国藩的爱才之道还在于用才。他与多数叶公好龙的用人者不一样，他的爱才之道只有一个原则——用。与太平天国的战争结束后，慈禧太后仔细核算，发现全天下的督抚大臣、地方要员，竟然有一半来自曾国藩的湘系人才。也正因此，曾国藩对清朝政治的影响，直至他死后仍然根深蒂固。

曾国藩敢于而且能够用与自己能力相当的人，在这一点上，古代很少宰辅之臣能做到。庞涓陷害孙膑，李斯陷害韩非子，都只因为这些人比自己更有能力。所以他们身为宰辅，实无宰辅的度量。曾国藩用的江忠源、罗泽南、胡林翼、左宗棠、杨载福、彭玉林、李树斌等人，无不是一等一的贤能之臣，他们在很多方面比曾国藩还要出色，但是曾国藩决不会因此而埋没他们。或是因他提拔，或是因他极力推荐，这些人都成了军事大臣。

曾国藩一生推荐过的下属有千人之多，这些人中的大部分后来又因为建立军功而进入政界，成为国家的高级行政官员。如左宗棠被封为大学士，彭玉林被封为兵部尚书，杨载福、曾国荃做过总督，江忠源、胡林翼等人做过巡抚。这些湘系元老，在延缓清朝灭亡方面起到了重要的作用，李鸿章、左宗棠、刘坤一更是成了大清朝的股肱之臣。

尤其可贵的是，当时冒出的一批科技人才，如徐寿、华蘅芳、李善兰等人，也都因为曾国藩的重用而最终成为海内一流科学家、工程师。

曾国藩识人用人之神，就先说到此处吧。

曾经很多人，包括不少专家学者，都认为左宗棠和曾国藩的关系极差。但随着近些年来对二人研究的不断加深，这一观点逐步被改变。

咸丰二年（1852年），时年四十二岁的曾国藩已是名满天下的二品高官了，而这时的左宗棠，还是湖南乡间的一名老举人，虽然已经四十一岁了，还没有考中进士；尽管已经进过三次考场，成绩最好的一次被考官温葆深评为"立言有体"，但因湖南名额有限，仅被取为"誊录",意思是誊写、抄录而已,不能被正式录取。

"三考不中"的左宗棠决定不再参加会试,打算寻找新的报国途径。曾国藩丁母忧回到原籍时,左宗棠也刚好因为贵州黎平知府胡林翼的推荐,被新任湖南巡抚张亮基聘请进幕府。名义上是文案师爷,实际上是帮助湖南"一把手"张亮基,日夜筹划防守长沙大计。时逢太平天国大军围攻长沙,张亮基把军权全权授予左宗棠,左宗棠不负众望,迫使太平军围攻长沙三月不下,撤围北去。左宗棠可谓一战成名。

咸丰九年(1859年),时任兵部侍郎的曾国藩统带湘军进驻安徽宿松,进逼太平天国都城天京。而难得顺风顺水的左宗棠又突遭磨难,因为参劾樊燮一案,处于生死关头。

樊燮虽只是湖南永州镇总兵署湖南提督,但他是湖广总督官文的人。官文心想:"你左宗棠打着湖南巡抚骆秉章的旗号敢参我的人,我自然要对你不客气。"于是一篇折子递进北京皇宫,状告左宗棠身为劣幕,把持湖南巡抚衙门,请旨杀掉此人。

咸丰皇帝原本就对汉人有防范之心,看到这篇折子自然很生气,于是一道圣旨下到湖南、湖北,命官文派人将左宗棠逮到湖北湖广总督衙门查办,如果查明所告是真,可将其就地正法。

就在这生死攸关之际,骆秉章把情况通报给了曾国藩。曾国藩和官文打过交道,知道官文对汉人有很深的成见。同时,他又深知左宗棠学识丰冕,韬略宏巨。一见形势危急,马上连夜赶写奏折一篇,派快马送给在京城翰林院任职的侍读学士潘祖荫。潘祖荫官位虽不高,但名声很大,是京城出了名的清流,和曾国藩私交极好。潘祖荫看了曾国藩保举左宗棠的折子,发现没有落款,皱起眉头一想，明白了：曾国藩与左宗棠毕竟是同乡，何况官文与左宗棠交恶，而且曾国藩正在安徽督战，不能不避嫌，所以不能直接署名。想明白了之后，潘祖荫提笔在曾国藩的折子下面署上了自己的名字，第二天早朝就递了上去。

可以说，为了营救左宗棠，曾国藩是煞费苦心。这能否让左宗棠顺利脱险呢？

咸丰皇帝读了潘祖荫的折子后，当晚就把左宗棠的同乡，也是湖南湘阴的翰林院庶吉士郭嵩焘传进养心殿西暖阁，问："左宗棠何以不肯出？系何缘故？"想了想又问："左宗棠才干是怎样？"这是《左宗棠年谱》里的原话。

郭嵩焘回答："左宗棠自度秉性刚直，不能与世和。在湖南办事与抚臣骆秉章性情契合，彼此亦不肯相离。"顿了顿，又说："左宗棠才极大，料事明白，无不了之事，人品尤极端正。左宗棠为人中豪杰，每言及天下事，感激奋发。皇上天恩，如能用他，他亦万无不出之理。"

咸丰皇帝为什么要把郭嵩焘传过来又问一遍呢？因为潘祖荫上给他的折子里，有这样一段话：

湘勇立功本省，援应江西、湖北、安徽、浙江所向克捷，虽由曾国藩指挥得宜，亦由骆秉章供应调度有方，而实由左宗棠运筹决策，此天下所共见，久在我圣明洞察之中也。前逆首石达开回窜湖南，号称数十万，以本省之饷，用本省之兵，不数月肃清四境，其时贼纵横数千里，皆在左宗棠规画之中。设使易地而观，有溃裂不可收拾者。是国家不可一日无湖南，湖南不可一日无左宗棠也。宗棠为人，秉性刚直，嫉恶如仇。湖南不肖之员，不遂其私，思有以中伤之久矣。湖广总督惑于浮言，未免有引绳批根之处。宗棠一在籍举人，去留无足轻重，而楚南事势关系尤大，不得不为国家惜此才。

其中的"是国家不可一日无湖南，湖南不可一日无左宗棠也"不仅在京城传诵一时，更成了千古名句。但咸丰皇帝一下子就猜到了，这些话显然不是久居京城的潘祖荫能说出来的，一定是出自他人之口。

为了让左宗棠早日出来，曾国藩在咸丰十年四月初八（1860年5月28日）给朝廷拜上一折——《复陈未能舍安庆东下请简用左宗棠折》。奏折先讲了一下未能舍安庆东下的详细原因，是"兵力太单薄"，且无"独当一面之才"，然后这样写道："查左宗棠刚明耐苦，晓畅兵机。当此需才孔亟之际，或饬令办理湖南团防，或饬赴各路军营襄办军务，或破格简用藩臬等官，予以地方，俾任筹兵筹饷之责，均候圣裁。无论任何差使，惟求明降谕旨，俾得安心任事，必能感激图报，有裨时局！"从折子中可以看出，曾国藩一共保举了左宗棠三点：一是"饬令办理湖南团防"，二是"饬赴各路军营襄办军务"，三是"破格简用藩臬等官，予以地方，俾任筹兵筹饷之责"。说穿了，这三点都是独当一面的方面大员。为了能让朝廷大胆起用左宗棠，曾国藩可谓不遗余力。

在这种情形之下，咸丰皇帝终于决定重用左宗棠。在同年五月初八（1860年6月26日）谕令左宗棠以四品京堂候补随同曾国藩襄办军务。左宗棠赴京参加会试，但因为北面进京之路被太平军

"网罗密布"，只得改道东下，进入曾国藩大营。左宗棠此时的想法是让曾国藩拨给他一营人马，征战沙场，为国效力。但曾国藩知道左宗棠的才能之大，决不仅仅是领一营人马的人物。如果他只配领一营人马，曾国藩就不会如此煞费苦心地去救他了。

曾国藩命左宗棠马上回湖南募勇。左宗棠募勇成军后，曾国藩便向咸丰递上一折，举荐左宗棠带领新招募的十营五千人楚勇，去增援浙江。左宗棠就是自此才正式浮出水面，并且在曾国藩的一再保举下，很快被补授浙江巡抚，在刚到五十岁的时候，成了独当一面的方面大员，也成了同治中兴的第二号名臣。

虽然两人日后曾经因为某些原因一度绝交，可是，曾国藩从不曾因为个人恩怨在公务上掣肘左宗棠。左宗棠西征的时候，曾国藩为左宗棠筹饷，始终不遗余力，还推荐自己最得力的部下刘松山随行。左宗棠在陕甘、新疆建功立业时，刘松山功不可没。左宗棠收复新疆后，曾国藩更是自叹不如左宗棠，认为左宗棠的能力天下无二。

左宗棠晚年时逢人便骂曾国藩，但曾国藩从不计较，所以就连左宗棠自己都不得不为曾国藩的度量折服。曾国藩去世后，左宗棠送来挽联："谋国之忠，知人之明，自愧不如元辅；同心若金，攻错若石，相期无负平生。"

接下来，再说一下曾国藩和李鸿章的关系。

李鸿章的出身比曾国藩高。曾国藩是殿试三甲第四十二名，赐同进士出身。后来因为朝考成绩比较好，是一等第三名，道光皇帝见曾国藩的字比较周正，遂拔置第二名，这才被钦点成翰林院庶吉士。李鸿章殿试列二甲第十三名，赐进士出身，朝考后没费什么周折便被钦点翰林院庶吉士，顺利得让人眼红。

曾国藩升授侍讲学士以后，因为是京师翰林院公认的文章大家，又很得穆彰阿的青睐，还能经常见到皇上，尤其开坊掌印后，更是声名鹊起，很多封疆大吏都把子弟送到门下，普通举子更是趋之若鹜。李鸿章的父亲刑部郎中李文安和曾国藩是进士同年，两个人的关系非常好。为了能让儿子鸿章拜到曾国藩门下，李文安拜见曾国藩时甚至自称"下官"，被曾国藩当头喝住，才改称"年兄"，李鸿章自然就成了曾国藩的门生、年家子。

李鸿章从此以后就吃住在曾府，和其他举子一起读书写字，跟着曾国藩学习经世致用之学，受益匪浅。这期间，李鸿章视曾国藩如父，两个人情同父子。

在曾国藩因翻修文庙被降四级处分的时候，只有李鸿章和郭嵩焘没有另投师门，曾国藩嘴上不说什么，心里却对李鸿章和郭嵩焘格外地看重。

曾国藩统带湘勇南征北讨的时候，李鸿章也在安徽跟着安徽巡抚福济，与进入安徽的太平军进行着你死我活的拼杀。但福济对李鸿章并不看好，还处处排挤他。李鸿章无奈之下，跟着哥哥李瀚章走进了曾国藩的大营，当时是咸丰八年（1858年）。

曾国藩先让李鸿章办理文案，借机考察他的能力。咸丰九年（1859年）五月，经过全面的考察，曾国藩决定奏留李鸿章。他在上给朝廷的《李鸿章留营襄办片》中是这样说的：

按察使衔，记名道翰林院编修李鸿章，咸丰三年正月奉旨，随同工部侍郎吕贤基办理安徽团防。嗣经提臣和春、安徽抚臣福济奏留军营，襄办一切。在事日久，懋著勤劳。七年九月，福济奏报该员丁父忧服阕，俟经手事件料理完竣，给咨回京供职。钦奉谕旨在案。该员皖营经手事竣，于上年冬间来江西省母后，即欲回京。臣因该员久历戎行，文武兼资，堪以留营襄办。昨因添兵助攻景德镇，檄李鸿章会同曾国荃等前往督剿。

尽管把李鸿章留在了身边，但能不能大用，曾国藩还要进行进一步考察。曾国藩是出了名的谨慎，保举左宗棠时谨慎，保举李鸿章时同样谨慎。

李鸿章看出了这一点，于是在公事上更加尽心尽力。在此期间，他帮着曾国藩分析局势，解决问题，一共为曾国藩办了四件大事：一件是劝恩师不要北上勤王，二是替恩师起草最负盛名的参折《参翁同书片》，三是劝恩师不要把总督衙门设在祁门，四是力劝恩师放过李元度。通过这些事情，曾国藩对李鸿章的人品和办事能力彻底放了心。

咸丰十一年（1861 年），上海告急，朝廷命曾国藩加派兵勇援沪。曾国藩认为时机成熟，于是给朝廷飞上一折，据实讲明现有兵勇不敷调派，奏请加派道员李鸿章回籍募勇。曾国藩此时既是钦差大臣，还是两江总督，并且统辖江苏、安徽、江西，并浙江全省军务，他的话朝廷没有不准之理。曾国藩考虑到李鸿章的队伍兵力太单薄，不能独当一面，于是从湘军各部调兵借将，其中整营拨归淮军的就有：第一，属于湘军系统的"春"字营（张遇春）和"济"

字营（李济元）；第二，太平军降将程学启"开"字两营；第三，湖南新勇"林"字两营（滕嗣林、滕嗣武）以及后到的"熊"字营（陈飞熊）和"垣"字营（马先槐）；第四，曾国藩送给李鸿章作为"赠嫁之资"的亲兵两营（韩正国、周良才）。其中，以桐城人程学启部"开"字两营作战最为凶悍，士卒多系安徽人，后来的北洋海军提督丁汝昌当时即在该部。这样，李鸿章初建的淮军就有了十四个营的建制。每营正勇五百零五人，长夫一百八十人，共六百八十五人，和湘军的建制一样。

同治元年（1862 年）二月，曾国藩在李鸿章的陪同下检阅了已到达安庆集结的淮军各营，淮军正式宣告建军。李鸿章开始展现他的才华。他率领淮军到上海不足一年，便因为战功卓著，被朝廷正式任命为江苏巡抚。

从以上事例中可以看出，没有曾国藩的大力营救、无私举荐，就没有后来叱咤风云、一榜拜相的左宗棠。晚清少了左宗棠，也就少了那场可歌可泣的收复新疆之战，说不定我国的版图也就少了那个一望无际的大公鸡尾巴。没有曾国藩的大力提携、全力支持，就不会有后来被誉为"再造玄黄""东方俾斯麦"的李鸿章。如果晚清没有李鸿章，中国人民可能遭受的灾难还要更加深重，背负的耻辱更大更多。

第三节 曾国藩治军和练勇之道

曾国藩作为晚清的一位大儒，在治军方略上也是苦费心机，曾氏兵法一直流传下来。

宣统三年（1911年），蔡锷就任云南新军协统，受镇统钟麟同委托，要编一本军事类的"精神讲话"。蔡锷于是摘取了曾国藩、胡林翼的论兵言论，分类编辑成《曾胡治兵语录》，高度评价曾国藩的军事思想：

古人论将有五德，曰：智、信、仁、勇、严。取义至精，责望至严。西人之论将，辄曰天才。析而言之，则曰天所特赋之智与勇。而曾、胡两公之所同唱者，则以为将之道，以良心血性为前提，尤为扼要探本之论，亦即现身之说法。咸、同之际，粤寇蹂躏十余省，东南半壁，沦陷殆尽。两公均一介书生，出身词林，一清宦，一僚吏，其于兵事一端，素未梦见。所供之役，所事之事，莫不与兵事背道而驰。乃为良心、血性二者所驱使，遂使其可能性发展于绝顶，武功灿然，泽被海内。按其事功言论，足与古今中外名将颉颃而毫无逊色，得非精诚所感、金石为开者欤？

……

曾、胡之论兵，极主主客之说。谓守者为主，攻者为客；主逸而客劳，主胜而客败。尤戒攻坚围城。其说与普法战争前法国兵学家所主张者殆同。其论出师前之准备，宜十分周到。谓一械不精，不可轻出；势力不厚，不可成行。与近今之动员准备用意相合。其以全军、破敌为上，不以得土地、城池为意。所见尤为精到卓越，与东西各国兵学家所倡导者如出一辙……所论诸端，皆从实行后经验中得来，与近世各国兵家所论若合符节。吾思先贤，不能不馨香崇拜之矣。

曾国藩为了把湘军训练成一支战无不胜的劲旅，曾经自己撰写了一本《治兵语录》，分十二章，包括：将才、用人、尚志、诚实、勇毅、严明、公明、仁爱、勤劳、和辑、兵机、战守。全书近两万字，刻印成册，供湘军将领阅读。

将才，讲的是作为将官应该具备的素质。将才应是忠义血性之人，智深勇沉之士，文经武纬之才。他认为将才应具备四项基本条件。第一要"才堪治民"。此要求不外乎"公""明""勤"三字。将领只有公正、严明，士兵才会心悦诚服，为其所用。勤，则指的是对营务巨细都要亲自过问，心中有数。第二要"不怕死"。将领不怕死，临阵当先，士兵才能上行下效，死力效命。第三要"不急名利"。将领好大喜功，追名逐利，就会导致兵怨沸腾，无法治军。第四要"能耐受辛苦"。身体羸弱，过劳则病，精神困乏，久用则散，这样的人不宜为将。曾国藩认为，为将者此四项缺一不可。

用人，则是告诫领兵者要学会考察人、培养人。曾国藩认为，人才有转移之道、培养之方和考察之法的分别。人才并非天生得来的，而是陶冶而成的，且随时有转移的可能，所以识人不可眼光太高，动辄就说无人可用。访求人才之道，乃"以类相求，以气相引，庶几得一而可及其余"。曾国藩认为人才大致可以分为两种：一种官气较重，一种乡气较重。官气重的人才，"好讲资格，好问样子，办事无惊世骇俗之象，言语无此妨彼碍之弊"，其不足在于缺乏生气，"凡遇一事，但凭书办家人之口说出，凭文书写出，不能身到心到口到眼到，尤不能苦下身段去事上体察一番"；乡气重的人才，"好逞才能，好出新样，行事则知己不知人，言语则顾前不顾后"，其不足在于"一事未成，物议先腾"。曾国藩培养人才时在"劳苦忍辱"四字上痛下功夫，所以戒官气而用乡气之人。用才之道在于不拘一格，使人人去其所短而显其所长。

尚志，是说带兵之人要志趣高远，这样才能带出好兵。曾国藩认为，辨别人才高下，首先要视其志趣。"无兵不足深忧，无饷不足痛哭，举目斯世，最缺乏的乃是攘利不先、赴义恐后、忠愤耿耿之人。"这样的人最易埋没，"往往抑郁不伸，以挫以去以死"。而那些贪婪退缩的庸俗之辈，却往往"骧首而上腾，而富贵，而名誉，而老健不死"。那么如何培养高尚独立的君子之志呢？曾国藩讲，"胸怀广大，须从平淡二字用功。凡人我之际，须看得平，功名之际，须看得淡，庶几胸怀日阔；君子欲有所树立，必自不妄求人知始"。尚志切忌"喜誉恶毁之心"，即患得患失之心，"于此关打不破，则一切学问才智，实足以欺世盗名"。总之，尚志的目的在于"做好人，做好官，做名将"，亦为"好师、好友、好榜样"。

诚实，普通人都要诚实守信，带兵的人更要做这方面的楷模。曾国藩强调，做人要光明磊落。"知己之过失，即自为承认之地。

改去毫无吝惜之心，此最难之事。豪杰之所以为豪杰，圣贤之所以为圣贤，便是此等处磊落过人。能透过此一关，寸心便异常安乐，省得多少纠葛，省得多少遮掩装饰丑态。"诚实对治军而言非常重要。"用兵久则骄惰自生，骄惰则未有不败者。勤字所以医惰，慎字所以医骄。二字之先，须有一诚字以立之本。以诚为之本，以勤字慎字为之用，庶几免于大戾，免于大败。"曾国藩专用诚实质朴之人，认为"军营宜多用朴实少心窍之人，则风气易于纯正"。因此，"湘军之兴，凡官气重、心窍多者，在所必斥；历岁稍久，亦未免沾染习气，应切戒之"。

勇毅，这是将官必须具有的品格。"大抵任事之人，断不能有毁而无誉，有恩而无怨。自修者但求大闲不逾，不可因讥议而馁沉毅之气。"选拔人才亦如此，"但求一长可取，不可因微瑕而弃有用之材。苟于峣峣者过事苛求，则庸庸者反得幸全"。曾国藩将治军比作行船，认为"如遇大风暴，只要把舵者心明力定，则成败虽未可知，要胜于他舟之慌乱者数倍。若从流俗毁誉上讨消息，必致站脚不牢"。

严明，是说带兵的人一定要遵章守纪、严明纪律。"古人用兵，先明功罪赏罚。"曾国藩认为近世以来，治军者往往"专尚慈惠，或以煦煦为仁者当之，失循吏之义矣。为将之道，亦以法立令行整齐严肃为先，不贵煦妪也"。立法不难，贵在执行。曾国藩深知"驭军驭吏，皆莫先于严"的道理，"近年驭将，失之宽厚，又与诸将相距遥远，危险之际，弊端百出。然后知古人所云做事威克厥爱，虽少必济；反是，乃败道耳"。

公明，是指带兵之人要有一颗公正之心，这样才能赏罚分明。

曾国藩提倡治军要有"公心"，他阐述道："凡利之所在，当与人共分之；名之所在，当与人共用之。居高位以知人晓事二者为职，知人诚不易学，晓事则可以阅历龟勉得之。晓事则无论同己异己，均可徐徐开悟。君子亦谬，乡愿固谬，狂狷亦谬，重以不知人，则终古相背而驰，决非和协之理，故恒言皆以分别君子小人为要。"他指出"明"有两层含义：一是高明，"同一境而登山者独见其远，乘城者独觉其旷，此高明之说也"；二是精明，"同一物而臆度者不如权衡之审，目巧者不如尺度之精，此精明之说也"。理想境界乃是高明者"降心抑志以遽趋于平实"，然要真正做到颇为艰难。"若能事事求精，轻重长短一丝不苟，则渐实矣，能实则渐平矣。"

仁爱，是指将官要像爱护自己的亲人一样爱护自己的兵丁。曾国藩乃理学名臣，故提出"以仁治军"的思想，但"仁"要以"礼"为约束。"带兵之道，用恩莫如用仁，用威莫如用礼。仁者，所谓欲立立人、欲达达人是也。待弁兵如待弟子之心，常望其发达，望其成立，则人知恩矣。礼者，所谓无众寡、无大小、无敢慢，泰而不骄也。正其衣冠，尊其瞻视，俨然人望而畏之，威而不猛也。持之以敬，临之以庄，无形无声之际，常有凛然难犯之象，则人知威矣。守斯二者，虽蛮陌之邦行矣，何兵之不可治哉？吾辈带兵如父兄之带子弟一般，无银钱无保举，尚是小事，切不可使之因扰民而坏品行，因嫖赌洋烟而坏身体。个个学好，人人成材，则兵勇感恩，兵勇之父母亦感恩矣。爱民为治兵第一要义，须日日三令五申，视为性命根本之事。"

勤劳，是指将官要和兵丁一样训练，不要高高在上。曾国藩认为，治军之道以"勤"字为先。"身勤则强，逸则病；家勤则兴，懒则衰；国勤则治，怠则乱；军勤则胜，惰则败。未有平日不早起，而临敌忽能早起者；未有平日不习劳，而临敌忽能习劳者；未有平日不能忍饥耐寒，而临敌忽能忍饥耐寒者。必须官弁昼夜从事，乃可渐几于熟，如鸡伏卵，如炉炼丹，未可须臾稍离。"

和辑，是指带兵之人要与兵丁和睦相处，不要互相猜疑，这样才能团结一心，攻无不克，战无不胜。曾国藩总结道："湘军之所以无敌者，全赖彼此相顾，彼此相救。虽平日积怨深仇，临阵仍彼此照顾。虽上午口角参商，下午仍彼此救援。"内讧分裂，危害尤甚。"祸机之发，莫烈于猜忌，此古今之通病。败国、亡家、丧身，皆猜忌之所致。凡两军相处，统将有一分龃龉，则营哨必有三分，兵夫必有六七分。故欲求和衷共济，自统将先办一副平恕之心始。同打仗，不可讥人之退缩；同行路，不可疑人之骚扰。处处严于治己而薄于责人，则唇舌自省矣。敬以持躬，恕以待人，敬则小心翼翼，事无巨细，皆不敢忽，恕则凡事留余地以处人，功不独居，过不推诿，常常记此二字。"

兵机，是指大小将领都要学会审时度势，主要包括三个方面。第一是练兵须"简练慎出"。军队"不可不精选，不可不久练"。第二是哀兵必胜。"兵事宜惨戚，不宜欢欣。兵者，阴事也。哀戚之意，如临亲丧；素敬之心，如承大祭。故军中不宜有欢欣之象。有欢欣之象者，无论或为和悦，或为骄盈，终归于败而已矣。"第三是要保全士气。战斗在一定意义上是勇气的较量，"大约用兵无他妙巧，长存有余不尽之气而已"。

战守，讲的是战略战术问题。"战亦速，此即所谓先发制人也；守亦固，营寨要扎在高处，不要受水气，敌人攻击时要能进能退。"曾国藩的"战守"之法就是其军事经验的总结。

第四节　曾国藩安邦经国之道

前面提到过曾国藩治国安邦的核心就是：以夷制夷，强我中华。

这里还有一件事可以窥探曾国藩治国安邦的核心思想，在同治七年（1868 年）八月，曾国藩正想甩开膀子大干一场的时候，朝廷决定调他出任直隶总督。圣命难违，他正在准备启程北上的时候，又一个消息传来：继安庆内军械所生产制造的火轮船"黄鹄号"之后，江南机器制造总局自己制造的另一艘蒸汽轮船，也下水了！

听说江南机器制造总局自己造出了汽轮船，曾国藩第一时间赶到上海，参加了该船的下水仪式。并乘坐这艘轮船，赶回南京。

望着越走越快的轮船，曾国藩颔首微笑。他心想，他为大清国设计的强国之路，是一条正确的途径。只要按照这个途径走下去，大清国跻身世界强国之林，大有希望！他把这艘轮船命名为"恬吉号"，取四海波恬，厂务安吉之意。

曾国藩北上后依老例先到京师陛见，两宫太后和同治皇帝共同召见了他两次，慈禧太后单独召见了他一次。第一次，慈禧太后一个人问话，简单问了问两江和家人的事，然后告诉他，直隶甚是空虚，他到直隶后要好好练兵；第二次，又是慈禧太后一人问话，这次问的是江南制造总局造轮船的事，聘没聘请洋匠师，手底下的将官如何，然后又是让他好好练兵。并且命令他：有好将，尽管往直隶调。出京赴任之前，慈禧太后再次单独召见他。这次召见，慈禧太后仍然告诉曾国藩，直隶地方不干净，有枭匪，还有游匪，没有兵弹压不住。于是曾国藩告诉太后："兵是必要练的。哪怕一百年不开战，也须练兵防备。兵虽练得好，却断不可先开衅，讲和也要认真练兵。"这短短的一句话，道出的却是曾国藩治国理念当中关于外交的一个理念：练好兵不是为了打仗，尤其不能先开衅；练好兵是为了和平，是为了国内能有一个和平的发展环境。

曾国藩的一句话，为大清国未来的外交定下了调子。曾国藩生前和死后，大清国的外交都是按着这个思路进行的。

不过一件事情让曾国藩"跌下神坛"，那就是天津教案。而处理天津教案的整个过程，又正好体现了曾国藩的外交思想和治国理念，这也是曾国藩治国安邦思想的一个重要组成部分。如果我们把这个部分忽略掉，我们眼中的曾国藩，就不是一个完整的曾国藩。

"天津教案"爆发于同治九年五月初（1870年6月间），冲突导致中外人死者计数十名。案发后，中外震惊。曾国藩在保定驻地接到两道催办的上谕后，于六月十日到津。他上任后的第一件事，是先议结俄、英、美三国误伤之人和误毁之堂，不与法国一并办理，缩小对立面。

津案于九月间正式议结，时曾国藩因请议的指责而调离直隶总督，回两江总督原任，但议结方案是由他定下的，主要内容如下：

一、张光藻、刘杰革职，发往黑龙江效力。二、判处二十名所谓"凶犯"死刑，充军流放者二十九名。三、赔偿及抚恤共计四十九万七千余两白银。四、派崇厚为特使，前往法国"道歉"，并表示中国愿与法国"实心和好"。

曾国藩的方案一出，举国汹汹、"责问之书日数至"，连原本以他为荣的湖南同乡，也视之为奇耻大辱。一个举子竟然撰写了这么一副对联，刻薄地挖苦他："杀贼功高，百战余生真福将；和戎罪大，早死三年是完人。"而与他几经分合、不久前刚刚重归于好的密友左宗棠，也毫不客气地致书斥骂他。

其实，曾国藩主张妥协的最大原因是，他认定中国的国力还未达到足以抵抗西洋列强的程度，"衅端一开，全局瓦裂"，军事上政治上的虚弱即当暴露无遗。

曾国藩不止一次地感叹："洋务之棘手，在于人才之匮乏，人才之罕见，由于事理之不明。"

个性与社会的冲突，志事与声誉的相歧，是历史永恒的矛盾。能从中体察出时代信息者，并不多见。曾国藩有关时局的过去与将来的检讨、反思和展望，是十九世纪六十年代后，中国社会缓慢的变异在一个复杂的历史人物思想深处的折射，也是考察曾氏在津案前后所作所为的真实动机不能不触及的所在。正是在办理津案的过程中，他对于鸦片战争以来的中外关系作了系统的反省："伏见道光庚子以后，办理夷务，失在朝和夕战，无一定之计，遂至外患渐深不可收拾。"

同治元年（1862 年），他对李鸿章说，与洋人交际，"言忠信，行笃敬"。到津案结束时，他还对李鸿章旧话重提："诚能动物，我想洋人亦同此人情，圣人言忠信可以行于蛮貊，这断不会有错的。"

曾国藩不是旧制度旧文化的破坏者而是保卫者，没有任何迹象可证明，曾国藩是轻妄得毫不顾惜声名的人。相反，从他一生的言论、文字和行为上都能看出他审慎的性格，在家书中他常怀着如履薄冰的心情谈论名誉对于士人的重要。就在津案发生后，他还认为自己"平时颇知持正理而畏清议，亦不敢因外国而尽变要挟常度"。

也没有任何事实可证明曾国藩味于事理，不顾是非曲直，相反，对于教案突发的政治背景，他有入情入理的分析："教堂近年到处滋事，教民好欺不吃教的百姓，教士好庇护教民，领事馆好庇护教士，明年法国换约，须将传教一节加意整顿。"

正如他的儿子著名外交家曾纪泽，在出使英法时，面见慈禧太后所说："当时事势，舍曾国藩之所办，更无办法。"

当然，一个政治家是否成功，主要是看他在国家生死存亡之际，是否敢于担当。如果这一点过关了，他就是个优秀的政治家。

因为天津教案，曾国藩威名扫地，但他认为值。而他在《复陈津案各情片》中，再次奉劝朝廷："惟洋人遇事专论强弱，不论是非，兵力愈多，挟制愈甚。若中国无备，则势焰张；若其有备，和议或稍易定。现令张秋全队九千人拔赴沧州一带，略资防御。李鸿章前在潼关，臣已致函商论，万一事急恐须统率所部由秦入燕。此时陕回屡受大创，若令李鸿章入陕之师移缓救急，迅赴畿疆办理，自为得力。英法两国水师提督，顷已均在大沽，其请示国主，旬日内当有覆信。法国若仅与津人为难，则称兵必速。若要求无厌，直与国家为难，则称兵较迟。李鸿章若于今日奉旨移军东指，当不嫌其过缓。"曾国藩又说："抑臣更有请者，时事虽极艰难，谋划必须断决。伏见道光庚子以后，办理夷务失在朝和夕战，无一定之至计，遂至外患渐深，不可收拾。皇上登基以来，外国盛强如故，惟赖守定和议，绝无改更，用能中外相安十年无事，此已事之成效。"谈到天津教案，曾国藩坚持认为："津郡此案，因愚民一旦愤激致成大变，初非臣僚有意挑衅，倘即从此动兵，则今年即能幸胜，明年彼必复来。天津即可支持，沿海势难尽备。朝廷昭示大信，不开兵端，此实天下生民之福。虽李鸿章兵力稍强，然以外国之穷年累世专讲战事者，尚属不逮。以后仍当坚持一心曲全邻好，惟万不得已而设备乃取，以善全和局。兵端决不可自我而开，以为保民之道；时时设备，以为立国之本。二者不可偏废。臣此次以无备之故办理过柔，寸心抱疚。"

在骂声鼎沸之中，朝廷为了缓解曾国藩的压力，不得不把李鸿章调到直督任上，接替曾国藩继续办理津案；而身心憔悴的曾国藩，则回任江督。让李鸿章出任直督，接替自己续办津案，是曾国藩举荐的结果。遍观宇内，能够领会自己外交精髓和治国理念的人，只有李鸿章。

附　录

曾国藩大事年表

咸丰元年（1851年），赴山西查捐。回京，钦命顺天府乡试大主考。同年，重审王正夫案。署吏部侍郎。上《敬陈圣德三端预防流弊疏》，咸丰帝"怒掷其折于地"欲罪之。

咸丰二年（1852年），上《备陈民间疾苦疏》。钦命江西乡试主考官。行至安徽境内的小池驿，闻母亲病逝，遂上折改道返湘丁母忧。

咸丰三年（1853年），钦命帮办湖南团练。九月，奏准移驻衡州练兵。十一月，建衡州船厂赶造战船。派人赴广东购买洋炮，筹建水师。

咸丰四年（1854年），练成水陆两支队伍，奉命率师出省迎战太平军。发布《讨粤匪檄》。命褚汝航为水师总统、塔齐布为陆军先锋，统率一万七千人，挥师北上。五月，兵败靖港，投水自裁获救。七月二十五日，重整水陆各军后，出师攻陷岳州。十月十四日取武昌。咸丰帝命其署理湖北巡抚。七天后收回成命，改赏兵部侍郎衔。十二月二日攻陷田家镇。

咸丰五年（1855年），石达开总攻湘军水营，烧毁湘军战船一百余艘。曾国藩座船被俘，"文卷册牍俱失"。曾国藩欲赴敌以死，罗泽南、刘蓉力劝乃止。

咸丰八年（1858年），奉命办理浙江军务，作《爱民歌》以训湘军。李鸿章前来投奔，留营襄办军务。

咸丰十年（1860年），左宗棠来营，商讨东南大局。奉命以兵部尚书衔署理两江总督，旋实授，并以钦差大臣督办江南军务。密疏保举左宗棠，命左宗棠募勇援浙。左宗棠至此崛起。

咸丰十一年（1861年），上《复陈购买外洋船炮折》，提出"购买外洋船炮，则为今日救时之第一要务"。湘军攻陷安庆，将督署移往安庆。奉旨督办四省（苏、皖、浙、赣）军务，其巡抚、提镇以下悉归节制。年底，在安庆创办内军械所，定三路军进军之策："以围攻金陵属之国荃，而以浙事属左宗棠，苏事属李鸿章，于是东南肃清之局定矣。"

同治元年（1862年），奉旨任两江总督协办大学士，命左宗棠率军由江西入浙江，命李鸿章率军抵上海。年底，华蘅芳与徐寿父子试制成中国第一台蒸汽机，曾国藩见后，于当天日记中写道："窃喜洋人之智巧我国亦能为之，彼不能傲我以其所不知矣！"

同治二年（1863年），安庆内军械所造出我国第一条木壳小火轮，曾国藩登船试航后，喜而命名"黄鹄号"。年底，与容闳见面，命容闳赴美购买机器。

同治三年（1864年），湘军攻陷天京，太平军宣告失败。曾国藩因功赏加太子太保、一等侯爵。曾国荃赏太子少保、一等伯爵。为减轻百姓负担，开始大量裁撤湘军。

同治四年（1865年），江南机器制造总局成立。

同治六年（1867年），在江南机器制造总局下设造船所试制船舰。同时附设译书馆。补授体仁阁大学士。

同治七年（1868年），补授武英殿大学士。到上海视察江南机器制造总局。江南造船厂试制的第一艘轮船驶至江宁，曾国藩登船试航，取名"恬吉"。奉命调任直隶总督，抵京师，陛见慈禧太后与同治皇帝。

同治九年（1870 年），因处理天津教案老病齐发，调任两江总督，李鸿章调补直隶总督。

同治十年（1871 年），同李鸿章联衔会奏《拟选子弟出洋学艺折》，朝廷批准。

同治十一年（1872 年），上折促请对"子弟出洋学艺"一事尽快落实。并提出在美国设立"中国留学生事务所"，推荐陈兰彬、容闳为正副委员常驻美国管理。在上海设立幼童出洋肄业局，荐举刘翰清总理沪局选送事宜。陈兰彬、容闳于是管带首批出洋学生，乘船赶赴美国。轮船尚未驶出国门，曾国藩已然薨逝。

近代史小常识

科　举

院试：由一省的学政主持，是为了取得参加正式科举考试的资格先要参加的一种考试，考取者入县学，习惯称秀才。

乡试：三年一科，在一省或几省举行，由皇帝钦命主考官、副主考官，录取者即为举人。第一名称解元。

会试：集中举人会试之意，三年一科，在京城举行，共分三场。三场全部通过者还要进行殿试。殿试由皇上亲自主持。共分三甲，一甲赐进士及第，二甲赐进士出身，三甲赐同进士。一甲第一名称状元。

两榜出身：乡试中举人为一榜，又称乙榜；中举人又中进士者为两榜，又称甲榜。

官　署

翰林院：掌编修国史、起草诏书、考议制度等事。最高长官为掌院学士（从二品），属官有侍读学士（从四品）、侍讲学士（从四品）、侍读（从五品）、侍讲（从五品）、修撰（从六品）、编修（正七品）、检讨（从七品）等。

都察院：是监察、弹劾及建议机关。最高长官为左都御史（从一品），属官有左副都御史（正三品，例由在京部、院大臣兼）、六科掌印给事中（正四品）、御史（从五品）等。右都御史（从一品）例由地方总督兼，右副都御史（正三品）例由地方巡抚兼。

大理寺：掌刑狱案件审理。最高长官为大理寺卿（正三品），属官有大理寺少卿（正四品）、大理寺左右寺丞（正六品）、大理寺左右评事（正七品）等。

太仆寺：掌马政。最高长官为太仆寺卿（从三品），属官有太仆寺少卿（正四品）、太仆寺员外郎（从五品）、太仆寺主事（正六品）、太仆寺主簿（正七品）等。

太常寺：掌宗庙礼仪。最高长官为太常寺卿（正三品），属官有太常寺少卿（正四品）、太常寺员外郎（从五品）、太常寺满汉寺丞（正六品）、太常寺协律郎（正八品）、太常寺汉赞礼部（正九品），太常寺司乐（从九品）等。

詹事府：为辅导东宫太子之机构，是文学侍从、词臣迁转之阶。原归翰林院，后单设。最高长官为詹事府詹事（正三品），属官有詹事府少詹事（正四品）、詹事府左右春坊庶子（正五品）、詹事府左右春坊中允（正六品）、詹事府左右春坊赞善（从六品）、詹事府主簿（从七品）等。

宗人府：是管理皇家宗族事务的机构。最高长官称宗人府令（正一品），由宗室王公大臣兼领，属官有宗人府丞（正三品）、宗人府理事（正五品）、宗人府副理事（从五品）、宗人府经历（正六品）等。

吏部：掌全国文官品秩、铨叙、课考、黜陟和封授。最高长官为尚书（从一品），副官左右侍郎（正二品），属官有通政使司通政使（正三品）、通政使司副使（正四品）、郎中（正五品）、员外郎（从五品）、主事（正六品）等。

户部：掌全国疆土、田地、户籍、赋税、俸饷及一切财政事宜。其内部办理政务按地区分工而设司。各司除掌核本省钱粮外，亦兼管其他衙门的部分庶务，职责多有交叉。清朝还设有掌管八旗事务的八旗俸饷处及现审处。隶于户部的机构有：掌铸钱的钱法堂及宝泉局，掌库藏的户部三库，掌仓储及漕务的仓场衙门。最高长官与属官设置同吏部。

礼部：掌礼仪、祭祀、贡举、教育等事。最高长官与属官设置同吏部。

工部：掌各项工程、工匠、屯田、水利、交通等事。最高长官与属官设置同吏部。

兵部：掌全国武官黜陟、兵籍、军械、关禁、驿站等。最高长官与属官设置同吏部。

刑部：掌全国刑狱。最高长官与属官设置同吏部。

总理各国事务衙门：简称总理衙门、总署、译署。是清政府为办理洋务及外交事务而特设的中央机构，咸丰十年底（1861年初）设立，初名"总理各国通商事务衙门"。总理衙门由王大臣或军机大臣兼领，并仿军机处体例，设大臣、章京两级职官。

总理海军事务衙门：简称海军衙门，是清末管理海军事务的机构。光绪十一年（1885年）十月设立，由醇亲王奕譞为总理，庆郡王奕劻、北洋大臣李鸿章为会办，正红旗汉军都统善庆和兵部右侍郎曾纪泽为帮办。中日甲午战争北洋海军覆灭后，该衙门亦裁撤。

督办政务处：清政府为推行新政而设置的办事机关，光绪二十七年（1901年）设立。负责制定新政的各项措施，掌管各地官吏的奏章，办理全国学校、官制、科举、吏治等事务。

外务部：光绪二十七年（1901年）设置，取代总理各国事务衙门掌管对外交涉，班列六部之上。设有总理、亲王、会办尚书、侍郎等官。

军机处：清代辅佑皇帝的政务机构。雍正八年（1730年）以用兵西北，设军机房，越三年改称办理军机处，简称军机处。于大学士、尚书、侍郎中选拔人员入直，称军机大臣，即大军机。任命时按各人资历分别称为军机处行走、大臣上行走、大臣上学习行走等。下设军机章京，习惯称小军机，掌缮写谕旨，记载档案，查核奏议等。

国子监：封建王朝的中央教育机构。清代设管理监事大臣，在大学士、尚书、侍郎内特简；次设祭酒、司业；属官有监丞、博士、助教、学正、学录、教习等。在地方设府、州、县学，在京师设国学，选入学习者称国子监生。原有住监课读的规定，后来渐成空文。

上海电报局：即原来的大北电报公司，是由丹麦、挪威、英国、俄国四国公使联合创设的通信机构，垄断大清对海外的收、发电报业务。

同文馆：亦称"京师同文馆"。清末最早的"洋务学堂"。同治元年（1862年）为培养翻译人员，由恭亲王奕䜣等奏设，在北京成立，附属于总理各国事务衙门。先只设英、法、俄文三班，后陆续增设天文、算学及德文、日文等班。光绪二十七年（1902年1月），并入京师大学堂。

公使馆：是国家的驻外机构，最高长官为公使，下设副公使、参赞、武官等。光绪元年（1875 年）始设。

官 名

殿、阁大学士：为正一品，相当于宋朝的丞相，由皇上指定分管的部、院。

协办大学士：为从一品，地位低于殿阁大学士高于各部院尚书。

总督：掌一省或几省军民要政者为正二品。兼殿阁大学士者为正一品，兼协办大学士或都察院右都御史、兵部尚书者为从一品。总督侧重于军政。

巡抚：掌一省的军、民、吏、刑各项，为从二品，地位略低于总督。兼都察院右副都御史或礼部侍郎者为正二品。巡抚侧重于民政。

道：道台、道员的简称，为正四品。清于各省设道员，类别有二：一类专司一事，如粮道、河道、盐法道等；一类为分守道、分巡道，均辅助布政、按察二使，巡察辖区政事。道员为四品，见上司不称下官，称职道。

公使：亦称星使、使者、使节、大使。是公使馆的主要负责人，有一、二等之分。

参赞：外交官员的一级，是公使的主要助理人。公使不在时，一般都由参赞以临时代办名义暂时代理使馆事务。参赞有一、二等之分，没有固定品级。

总税务司：旧中国统辖全国海关税务的官员。咸丰四年（1854年），英、美、法三国乘小刀会起义之机，夺取上海海关行政权。

次年，三国领事与清吏吴建彰订立协定，由三国领事各派税务司一人，组织海关税务管理委员会。咸丰九年（1859年），英国迫使南洋通商大臣任英国人李泰国为总税务司。咸丰十一年总理衙门加委李泰国为中国总税务司。同治二年（1863年），李泰国回国，英国人赫德继任，直任至光绪三十四年（1908年）回国。

清朝的爵位

清朝的爵位分宗室爵位、异姓功爵位（或称功臣世爵）和蒙古爵位。这里主要涉及的是功臣世爵。功臣世爵分公、侯、伯、子、男五等，世袭罔替。

其中，公爵、侯爵、伯爵是超品，子爵是一品，男爵是二品。具体级别如下：

公爵：一等公爵、二等公爵、三等公爵。

侯爵：一等侯爵兼一云骑尉世职、一等侯爵、二等侯爵、三等侯爵。

伯爵：一等伯爵兼一云骑尉世职、一等伯爵、二等伯爵、三等伯爵。

子爵：一等子爵兼一云骑尉世职、一等子爵、二等子爵、三等子爵。

男爵：一等男爵兼一云骑尉世职、一等男爵、二等男爵、三等男爵。